THÈSE

POUR

LE DOCTORAT

SOUTENUE

Par Armand DUBERNAD,

Avocat.

PARIS,

CHARLES DE MOURGUES FRÈRES, SUCCESSEURS DE VINCHON,

Imprimeurs-Éditeurs de la Faculté de Droit de Paris,

RUE JEAN-JACQUES ROUSSEAU, 8

1865

DROIT ROMAIN :

DE NAUTICO FŒNORE.

DROIT FRANÇAIS :

DU DÉLAISSEMENT.

THÈSE POUR LE DOCTORAT

SOUTENUE

le jeudi 13 juillet 1865, à 2 heures,

Par Armand DUBERNAD,

AVOCAT,

En présence de M. l'Inspecteur général Ch. GIRAUD,

Président : M. RATAUD, Professeur,

SUFFRAGANTS :
MM. DURANTON,
DEMANGEAT,
COLMET DE SANTERRE,
Professeurs.
GÉRARDIN,
Agrégé.

*Le Candidat répondra, en outre, aux questions qui lui seront faites
sur les autres matières de l'enseignement.*

PARIS,

CHARLES DE MOURGUES FRÈRES, SUCCESSEURS DE VINCHON,
IMPRIMEURS-ÉDITEURS DE LA FACULTÉ DE DROIT DE PARIS,
Rue J.-J. Rousseau, 8.

1865.

A MA GRAND'MÉRE.

A MON PÈRE, A MA MÈRE.

DROIT ROMAIN.

DE NAUTICO FŒNORE.

(Digeste, livre 22, titre 2. — Code, livre 4, titre 33. — Novelles 106 et 110.)

CHAPITRE Ier.

NOTIONS PRÉLIMINAIRES.

Ce ne fut que bien tard que le commerce, le commerce maritime surtout, fut pratiqué à Rome, et même lorsqu'il s'y fut développé, la profession de commerçant continua à être regardée avec si peu de faveur qu'elle était le plus souvent réservée aux esclaves. Aussi n'est-il pas étonnant que le droit romain, qui pour tout ce qui touche au droit civil est une mine si féconde, ne nous ait fourni que bien peu de lumières quant au règlement des transactions maritimes. Le peu de documents sur ce sujet que nous trouvons dans les recueils de droit des Romains, sont le plus souvent des emprunts faits par leurs jurisconsultes aux lois des peuples voisins. La principale source à laquelle ceux-ci ont puisé est, sans contredit, la fameuse loi rhodienne, qui a été pour toute l'antiquité l'objet d'une si grande admiration.

C'est ainsi que nous trouvons au Digeste un titre tout entier consacré à commenter les dispositions de cette loi relatives au jet. Nous voyons même dans la loi 9 de ce titre (*De lege Rhodia de jactu,* liv. 14, tit. 2), que pour toutes les questions de droit maritime on devra se conformer à la loi rhodienne, à moins que le droit romain lui-même ne se soit formellement prononcé dans un sens opposé.

Un seul point de ce droit paraît avoir attiré l'attention des jurisconsultes et des empeurs romains, c'est le *nauticum fœnus,* contrat que nous nommons aujourd'hui prêt à la grosse aventure. Deux titres entiers, l'un au Digeste, l'autre au Code, et deux Novelles spécialement consacrés aux règles en cette matière, nous montrent toute l'importance qu'avait à Rome ce genre de contrat. Ce sont ces règles que nous nous proposons d'étudier, en tirant le meilleur parti qu'il nous sera possible des documents, assez rares d'ailleurs, que nous avons pu recueillir sur ce sujet.

Nous ne rechercherons pas si les premiers travaux en matiere de prêt à la grosse sont dus aux Athéniens ou aux Rhodiens; cette question vivement débattue ne présente que peu d'intérêt au point de vue de ce travail, puisque c'est à la loi rhodienne que les Romains ont sans nul doute emprunté leurs règles en cette matière. On peut même dire que leurs jurisconsultes n'ont apporté que bien peu de modifications aux dispositions de cette loi ; seulement ils les ont développées avec cette puissance de raisonnement juridique qui leur est propre, et qui fait encore aujourd'hui l'admiration de tous ceux qui les étudient.

L'attention toute spéciale qu'ils ont accordée à ce contrat, alors que le droit maritime restait si fort étranger à leurs travaux, nous montre combien son usage était fréquent à Rome, où son développement nous paraît du reste s'expliquer très-facilement par les considérations suivantes :

Toute l'histoire dès Romains nous prouve combien le prêt à intérêt était entré dans leurs mœurs ; il dut donc, dans le principe, s'appliquer sans aucune modification aux emprunts d'argent faits par des commerçants pour servir à des opérations maritimes. Seulement ce contrat présentait en ce cas un danger tout spécial pour le prêteur, il devait arriver en effet bien souvent en cas de sinistre que le débiteur ne fût mis par cette perte hors d'état de rembourser les sommes qu'il s'était vu forcé d'emprunter. Le créancier se trouvait ainsi participer indirectement aux risques maritimes sans y être soumis par le contrat, et par suite sans pouvoir se faire indemniser du péril qu'il courait.

Pour éviter cette situation fâcheuse, le prêteur préféra prendre expressément à sa charge les risques du voyage en consentant à perdre le capital prêté si l'opération à laquelle il était destiné venait à échouer par suite de fortune de mer. Comme compensation de ce péril auquel il se soumettait, le créancier réclamait un intérêt plus élevé que celui qui se payait aux prêteurs ordinaires. Telle est l'opération que les Romains empruntèrent aux Rhodiens et que nous nommons aujourd'hui : prêt à la grosse. Ce contrat une fois admis se développa graduellement par l'effet seul de l'extension que prit le commerce maritime à Rome.

Les réflexions que nous venons de faire acquerront encore plus de force si l'on admet, comme nous le faisons, que le contrat d'assurance n'existait pas à Rome. Qu'il nous soit permis de donner le plus brièvement possible les raisons qui nous font adopter cet avis, malgré les controverses qui se sont élevées sur ce sujet. Cette discussion, si elle ne se rattache qu'indirectement à la partie de ce travail que nous traitons en ce moment, sera, ce nous semble, une introduction toute naturelle à sa seconde partie.

Les auteurs qui prétendent que le contrat d'assurance était connu à Rome, invoquent d'abord divers passages de Tite-Live, où cet historien nous montre les fournisseurs des armées stipulant dans leurs marchés que la république les garantira contre tous les risques résultant des voyages par mer qu'ils auront à faire faire à leurs fournitures. On n'en peut tirer aucun argument, car il y a là une clause modificative du contrat de fourniture et non un contrat distinct d'assurance. Ces auteurs se fondent ensuite sur un passage de Suétone et sur les lois 67 et 129 du titre *De verborum obligationibus.* (Digeste, liv. 45, tit. 1.) Suétone nous apprend en effet que, pendant une famine, l'empereur Claude décida que l'État se chargerait d'indemniser de toutes pertes, provenant de risques de mer, les commerçants qui transporteraient du blé à Rome. Nous ne pouvons voir là qu'une mesure d'utilité publique qui n'a aucun rapport avec l'existence d'un contrat privé. Bien faible aussi nous paraît l'argument tiré de la loi 129; elle ne peut viser qu'une obligation conditionnelle ordinaire, l'arrivée d'un navire n'y forme condition que comme le ferait tout autre événement incertain.

Arrivons donc à la loi 67 *in principio*, ainsi conçue : *Illá stipulatio, decem millia salva fore promittis? Valet.* Ce texte présente plus de difficultés, car il est difficile de se rendre compte de l'hypothèse qu'il prévoit. Pothier y voit un cautionnement analogue à la stipulation : *Rem pupilli salvam fore*, dont il diffère seulement en ce qu'il est fourni non par le tuteur, mais par un tiers pour garantir la bonne administration des affaires du pupille. Cette explication est au moins douteuse, car s'il est bien prouvé que le tuteur lui-même peut s'engager par stipulation à bien gérer le patrimoine de son pupille, nous ne trouvons aucune mention d'une pareille garantie fournie par un tiers. Dans le système que nous combattons, on voit dans ce texte un contrat ayant tous les caractères d'une assurance. En effet, dit-on, voilà un homme qui a stipulé qu'une quantité de 10,000 lui sera garantie contre tout risque; pour que cela ait lieu il faut que cet homme, inquiet au sujet de cette somme, ait voulu stipuler qu'elle lui serait rendue si elle périssait dans le danger qu'il redoute.

Nous répondrons qu'on peut fort raisonnablement

contester que telle soit l'hypothèse dans laquelle se place la loi 67, et que même en l'admettant, on n'en arrive pas à y trouver un contrat d'assurance, puisqu'il n'y est pas question de prime, c'est-à-dire de somme représentative du risque couru par le prétendu assureur. Or, il est bien évident que le contrat d'assurance ne peut se concevoir en dehors de toute idée de prime, ce qui nous amène à conclure que nous ne trouvons pas dans la loi 67 une preuve de l'existence de notre contrat. Mais ce qu'on en peut conclure très-certainement, c'est que ce contrat, si tel est celui que vise ce texte, comme le disent nos adversaires, était peu connu à Rome du temps d'Ulpien, auteur du texte dont nous parlons, puisqu'il se croit obligé d'en établir la validité.

Le Digeste nous fournit en outre des textes qui semblent au premier abord se référer à un contrat par lequel une personne garantit contre tout risque la chose d'une autre. Citons par exemple les lois 13, par. 5, *locati conducti*, D., liv. 19, tit. 2, et 1, par. 35, D., *depositi vel contra*, liv. 16, tit. 3. Mais si on examine ces textes avec un peu d'attention, on voit qu'ils se réfèrent non à un contrat principal, mais bien à une clause accessoire, par laquelle une des parties prenait à sa charge des risques que la nature du contrat auquel est ajoutée cette clause aurait mis à la charge de l'autre partie.

Il ne nous reste plus à répondre qu'à l'objection tirée contre notre système du passage suivant d'une lettre de Cicéron. Cet illustre orateur, ayant remporté une grande victoire en Cilicie et voulant envoyer à Rome le butin qu'il y avait fait, écrit au proquesteur Salluste : *Laodiceæ me prædes accepturum arbitror omnis pecuniæ publicæ ut et mihi et populo cautum sit sine vecturæ periculo.* Nos adversaires veulent voir dans ces *prædes* des gens qui se chargeraient d'assurer contre les risques de mer l'argent envoyé à Rome. Deux raisons nous font repousser cette explication : la première, c'est qu'il nous paraît bien difficile d'admettre l'existence, à Rome et à une époque si éloignée, d'un contrat dont on ne trouve pas de traces dans le corps de droit romain si étendu que nous possédons. En second lieu, les autres arguments qu'invoque le système que nous combattons, nous empêchent de nous arrêter à celui-ci. Qu'eût-il été besoin, en effet, d'employer toutes les conventions que nous avons examinées ci-dessus et qui se rapprochent plus ou moins du contrat d'assurance, si ce contrat lui-même eût existé ? Peut-on comprendre surtout que la validité de notre contrat fût encore contestée du temps d'Ulpien, or nous en trouvons la preuve dans la loi 67 telle que l'entendent nos adversaires eux-mêmes, si ce contrat avait déjà été admis et employé du temps de Cicéron ? Pour nous nous ne le pouvons pas, et force nous est bien alors de regarder ce passage du célèbre orateur comme ayant un autre sens. Vise-t-il un contrat de change, comme le pense Heineccius, qui n'apporte du reste aucun argument à l'appui de son opinion, ou un cautionnement à fournir par les acheteurs du butin qui appartient au peuple ? C'est là une question que nous n'entreprendrons pas de résoudre. Il nous semble pourtant qu'on pourrait peut-être voir dans le texte de Cicéron un contrat de dépôt avec risques pour le dépositaire. Nous nous trouverions alors dans une hypothèse analogue à celle que prévoit la loi 1, par. 35, *depositi vel contra*, D., 16, 3, qui nous apprend que les parties pouv' 'ent valablement changer ainsi la nature du contrat qu? ıt aux risques.

э cette discussion nous croyons pouvoir conclure que le contrat d'assurance, avec les caractères que nous lui reconnaissons aujourd'hui, c'est-à-dire envisagé comme contrat principal procurant à l'une des parties une garantie et donnant à l'autre le droit d'exiger une prime ou *periculi pretium* représentative du risque qu'elle a couru, n'était pas connu des Romains. Cette absence du contrat d'assurance devait rendre fort dangereux le prêt ordinaire d'une somme fait à des commerçants qui la destinaient à des opérations maritimes. Ne trouvant pas de moyens pour se garantir contre les risques de mer et ne possédant pas des sommes bien considérables, puisqu'ils s'étaient vus obligés de recourir à des emprunts, ces commerçants voyaient en effet l'insolvabilité être le plus souvent pour eux la conséquence d'un sinistre. Nous avons donc pu dire avec quelque raison que le prêteur d'un argent destiné au commerce maritime supportait en fait les risques du voyage, quoiqu'il ne s'en fût pas chargé en droit.

CHAPITRE II.

NATURE DU NAUTICUM FŒNUS.

Le mot *nauticum fœnus*, comme ses synonymes *nautica* ou *maritima pecunia*, *trajectitia pecunia*, servait à

désigner à Rome le contrat que nous connaissons aujour-
d'hui sous le nom de prêt à la grosse, c'est-à-dire le
contrat par lequel une personne empruntait à une autre
une somme destinée à des opérations maritimes, en s'o-
bligeant à la rendre avec un intérêt nautique dont le
taux était arbitraire, mais au cas seulement d'une heureuse traversée. Certains auteurs pensent que l'intérêt
pouvait, en notre matière, être stipulé à raison de tant
par mois ou par jour, mais le plus ordinairement il consistait en une somme fixée d'avance, sans tenir compte
de la durée du voyage, mais plus ou moins considérable,
selon les dangers qu'offrait la navigation. Ce contrat
était, du reste, usité dans deux hypothèses bien distinctes : lorsqu'il précédait une expédition maritime, il
avait pour but de procurer à l'emprunteur l'argent nécessaire pour armer ou charger le navire destiné à effectuer le voyage; lorsqu'il se présentait, au contraire,
durant la traversée, son objet était de fournir au capitaine du navire l'argent qui lui était nécessaire pour
continuer sa navigation.

Pour que ce contrat existe, la première condition est
que l'argent prêté soit destiné à armer un navire ou à
acheter des marchandises qui doivent être transportées
par la voie de mer. La seconde est que cet argent soit
aux risques du créancier, c'est-à-dire que la convention
porte que le débiteur sera libéré si le navire ou les marchandises périssent par fortune de mer, tandis que si la
traversée s'effectue heureusement, le créancier pourra
réclamer la somme par lui prêtée avec les intérêts nautiques convenus. La loi 4, à notre titre au Digeste, semble
bien nous dire que les risques pourront être à la charge

du débiteur, mais il faut l'entendre en ce sens qu'il y aura dans ce cas un *mutuum* ordinaire qui ne recevra aucune des règles spéciales que nous allons étudier.

Ceci posé, demandons-nous quelle opération est précisément le *nauticum fœnus*, expression que nous emploierons avec le Digeste et le Code pour désigner notre contrat, quoiqu'elle indique plutôt la conséquence de ce contrat que le contrat lui-même? Cujas, qui se pose la même question, examine d'abord s'il n'y a pas là un louage : en effet, les deniers sont, moyennant un prix convenu, livrés par une des parties à l'autre qui les reçoit pour en faire usage ; mais on ne peut s'arrêter à cette idée, car l'essence du louage est de porter sur des objets qui, loin de se consommer par l'usage, devront être rendus en nature à celui qui les a fournis et qui n'a pas cessé d'en être propriétaire. Serait-ce donc un contrat de société? Pas davantage, car le profit reste propre à l'emprunteur, tandis que les risques sont à la charge du préteur seul qui n'a droit, en cas d'heureuse traversée, qu'à l'intérêt maritime convenu, quel que soit le profit réel de l'opération.

Et Cujas ajoute qu'il n'y a pas non plus un *mutuum* en notre matière, puisque ce contrat est gratuit par essence, tandis que dans le *nauticum fœnus* le prêteur recevra une somme supérieure à celle qu'il a fournie. Nous ne pouvons nous ranger ici à l'avis du célèbre romaniste qui, ébranlé par ce raisonnement, veut voir dans le *nauticum fœnus* un double contrat : un *mutuum* se formant par la dation et obligeant l'emprunteur à restituer ce qu'il a reçu; un contrat innommé, *do ut des*, produisant l'obligation de payer l'intérêt convenu. C'est en parlant des actions qui appartiennent au prêteur à la grosse que nous tâcherons de réfuter, par leurs conséquences, ce système, ainsi que celui de M. de Savigny, qui ne voit ici qu'un contrat innommé, *do ut des*, « car, dit-il, la forme du prêt n'est ici qu'une apparence extérieure; en réalité, une des parties donne une somme avec chance de perte et l'autre promet une somme supérieure si la perte n'a pas lieu. »

Pour nous, nous n'hésitons pas à dire que le *nauticum fœnus* est un *mutuum* qui recevra, il est vrai, des règles spéciales, mais auquel il faudra appliquer celles du *mutuum* toutes les fois qu'on ne se trouvera pas sous l'empire de ces principes exceptionnels. L'objection soulevée par Cujas ne peut nous arrêter, car nous rencontrons d'autres cas où un prêt de consommation produit des intérêts sans changer pour cela de nature, soit par suite d'une stipulation accessoire s'il s'agit de sommes d'argent, soit en vertu d'un simple pacte s'il s'agit de prêts de denrées ou de prêts faits par des villes. La gratuité est donc de la nature et non de l'essence du *mutuum*. Ajoutons que les jurisconsultes romains se servent, à propos de notre contrat, de termes qui indiquent bien qu'ils le considèrent comme un *mutuum* (voir, par exemple, les lois 6 au Digeste et 4 au Code à notre titre); ce qui est encore plus probant, c'est que la loi 5, § 1er, à notre titre au Digeste considère la décision qu'elle donne, quant à ce que le créancier pourra recevoir en sus de la somme par lui prêtée, comme une exception à la règle ordinaire du *mutuum* en matière d'intérêts. Enfin nous ne pouvons admettre, comme le fait M. de Savigny, que le *nauticum fœnus* soit un contrat innommé;

l'obligation qu'il crée est en effet unilatérale par essence, tandis que les contrats innommés engendrent tous nécessairement des obligations réciproques. La chance de perte que court le créancier n'est qu'un accessoire du prêt qu'il fait, accessoire qui peut bien faire varier sur divers points les règles ordinaires, mais qui ne peut produire cet effet radical de changer la nature du contrat.

Remarquons, du reste que la discussion ci-dessus n'est pas une simple dispute de mots; l'adoption d'un système ou de l'autre, sur ce point, donne lieu à de très-graves conséquences. Il est évident, d'abord, que l'action qu'on donnera au prêteur à la grosse variera selon la nature qu'on reconnaîtra au contrat par lui fait; mais c'est là un point dont nous n'avons pas à nous occuper ici, car nous l'examinerons dans le chapitre VII de ce travail. Ce que nous voulons faire ressortir en ce moment, c'est que si l'on admet, comme nous le faisons, que le *nauticum fœnus* est un *mutuum*, on devra appliquer au premier de ces contrats les règles du second toutes les fois qu'on ne se trouvera pas sous l'empire des principes spéciaux à notre contrat.

Le nauticum fœnus se formait *re* comme le *mutuum*, seulement il ne pouvait recevoir ses règles particulières que du jour où il y avait péril pour le créancier, ainsi que nous le verrons plus tard. Il en résulte que la promesse de prêter à la grosse, faite par simple pacte, ne pouvait pas à Rome produire d'action contre le promettant. Il faudrait pour qu'il y eût une obligation constituée employer une stipulation (loi 68, D., *De verborum obligationibus*, 45. 1.)

Ce contrat pouvait avoir en principe pour objet comme

le *mutuum* toutes les choses fongibles, mais en pratique on ne prêtait à la grosse que de l'argent. L'effet du *nauticum fœnus* était de rendre l'emprunteur propriétaire de la somme prêtée. Il en résultait que, pour que ce contrat fût valable, il fallait que le prêteur fût propriétaire de la somme et capable d'aliéner; de même il était nécessaire que l'emprunteur fût capable de s'obliger, puisque tel était pour lui l'effet du contrat. Si une de ces conditions manquait, il n'y avait pas eu de transfert de prop... et aucun contrat ne s'était formé. Quant à l'obligation produite par notre contrat, elle est essentiellement unilatérale et a pour objet la restitution par l'emprunteur de la somme prêtée à laquelle s'ajoute l'intérêt nautique convenu.

Étudions maintenant quelles sont les différences qui existent en notre contrat et le *mutuum* proprement dit.

La différence fondamentale est que dans le premier les risques sont pour le prêteur, et pour l'emprunteur dans le second; de là découlent trois autres différences. La première est que le *mutuum* est un contrat *re*, parfait par la *datio* de la chose, tandis qu'il n'y a *nauticum fœnus* parfait et recevant ses règles spéciales qu'à dater du jour où le créancier court un risque. Jusque-là on devra lui appliquer les règles du *mutuum* ordinaire qui se sera formé par la *datio* seule de la somme; il n'aura aucun droit à invoquer les bénéfices accordés au prêteur à la grosse puisqu'il ne sera exposé à aucun péril; on ne lui appliquera donc pas les deux dernières différences que nous avons à étudier et qui ont été établies pour compenser en faveur du prêteur à la grosse le risque mis à sa charge, risque qui reste tout-à-fait étranger au préteur ordinaire. Elles sont relatives aux intérêts.

1° Des intérêts sont dus en vertu d'un simple pacte en matière de *nauticum fœnus*, tandis qu'on ne pourrait les réclamer en cas de *mutuum* ordinaire que s'il y a eu stipulation.

2° Le taux de l'intérêt maritime est illimité, du moins jusqu'à Justinien ; s'il y a simple prêt, son maximum est au contraire fixé par la loi.

CHAPITRE III.

DU RISQUE MARITIME.

Nous avons vu que la différence capitale qui distingue le *nauticum fœnus* du *mutuum*, et d'où découlent toutes les règles spéciales à notre contrat, consiste en ce que les risques de la somme prêtée sont à la charge du préteur. Du reste, pour que cela ait lieu, il faut que celui-ci s'en soit chargé expressément ainsi que le prouve la loi 4 à notre titre au Code. La première question à résoudre pour décider si un contrat constitue un *nauticum fœnus* sera donc celle de savoir s'il s'y trouve une convention expresse imposant au créancier le fardeau du risque. Modestin nous l'indique bien dans la loi 1 à notre titre au Digeste ; après nous avoir dit dans ce texte que, pour qu'il y ait *trajectitia pecunia*, il faut que la somme prêtée soit destinée à être transportée par mer et non à être employée sur place, il se demande si on ne peut pas néanmoins considérer comme prêté à la grosse l'argent qui a été employé à acheter des marchandises, et répond qu'on ne le peut que si ces marchandises sont destinées à voyager aux risques et périls du prêteur.

Si dans le contrat de prêt les parties n'ont pas parlé des risques, nous voyons par la loi 2 de notre titre au Code que le prêteur ne pourra pas se prévaloir des avantages faits au prêteur à la grosse. Le péril que court le créancier de perdre son argent est en effet la seule raison qui légitime ces avantages; il ne pourra donc les réclamer, quelle que soit la destination de la somme par lui prêtée, si ce péril lui reste étranger; nous aurons donc en ce cas un *mutuum* ordinaire.

Ce péril à courir par le créancier est tellement de l'essence de notre contrat qu'on n'en suivra les règles que pendant le temps que durera ce péril, ainsi que nous le dit formellement la loi 4 *in principio* de notre titre au Digeste. Il résulte de ce principe que l'emprunteur pourra résoudre le contrat par sa seule volonté en changeant la destination de l'argent prêté, par exemple en le consommant sur place; dans ce cas, en effet, le prêteur aura bien droit à des dommages-intérêts, mais il ne pourra réclamer l'intérêt nautique convenu puisqu'il n'a couru en fait aucun péril.

Supposons donc que le prêteur a assumé sur lui les risques, et voyons d'abord lesquels sont à sa charge et ensuite pendant combien de temps il aura à en répondre.

§ 1. — *De l'étendue du risque maritime.*

Il est bien évident que le prêteur ne répond que des risques qui naissent de la navigation (*ex maris discrimine, ex navigatione maris*, nous disent les textes); ce principe ressort de la nature même de notre contrat et du but que s'y proposent les parties. Le prêteur peut même fort valablement stipuler qu'il ne répondra que de ceux qui pourront résulter des vents et des flots et que par suite il ne garantira pas l'emprunteur contre une perte provenant d'un incendie en mer ou d'une attaque des pirates. Ajoutons comme seconde règle à suivre que la perte de l'argent prêté pendant le voyage ne peut libérer le débiteur, si elle provient de sa faute. Nous trouvons une application de ces principes dans la loi 3 de notre titre au Code qui suppose que l'emprunteur a chargé sur son navire des marchandises prohibées et de plus s'est écarté de la route convenue : aussi le navire est-il saisi par le fisc et sa cargaison confisquée. Dans cette hypothèse les empereurs Dioclétien et Maximien décident que le prêteur ne peut avoir à souffrir de la faute de son débiteur, et que celui-ci sera tenu de rembourser le montant du prêt bien que les marchandises ne soient pas arrivées à bon port. Notons du reste qu'il y avait pour se prononcer ainsi deux raisons bien distinctes : la première est que le créancier ne peut souffrir de la faute du débiteur; la seconde, dont ne parle pas notre texte, est que le péril de confiscation ne pouvait être mis à la charge du prêteur qui ne répond que des fortunes de mer ; pour qu'on pût le rendre responsable de ce péril il eût fallu que ce prêteur eût consenti à l'embarquement des marchandises prohibées, danger accessoire auquel il se fut alors soumis.

Il résulte de cette loi 3 qu'à Rome, comme à Athènes du reste, le navire ne doit pas s'écarter de la route convenue entre les parties ; il est bien évident en effet qu'un changement de direction pourrait augmenter de beaucoup les dangers de la navigation et par suite les chances de perte pour le créancier ; aussi est-il admis qu'il sera libéré de tous risques si le navire abandonne la route fixée, sans y être contraint par les hasards de la navigation.

On peut donc ajouter aux deux motifs que nous avons donnés ci-dessus de la décision contenue dans la loi 3 qu'elle s'expliquerait par le fait seul du changement de route dont elle fait mention.

Il y aura bien d'autre cas encore où la perte ne sera pas opposable au prêteur comme provenant de la faute de l'emprunteur : cela arrivera, par exemple, si les marchandises ont souffert par suite de la négligence du patron du navire ou parce que le navire choisi par le débiteur était en mauvais état ; le prêteur devrait au contraire supporter la perte subie par les marchandises si elle provient d'un vice propre qui était en elles ou si le navire sur lequel on les charge et qui se trouve mal approprié à sa destination a été choisi avec son agrément.

Il y aurait encore faute de la part du débiteur à laisser le navire sur lequel porte le risque entreprendre ou continuer sa navigation à une époque où l'on ne doit pas s'exposer aux dangers de la mer. Nous voyons en effet dans Saumaise que, par suite de la faiblesse des moyens dont ils disposaient, les Romains ne naviguaient pas depuis le 3 des ides de novembre jusqu'au 6 des ides de mars; aussi un sinistre arrivé au navire durant cette période ne pourrait-il en aucune façon libérer le débiteur.

La troisième règle à suivre pour déterminer l'étendue des risques à mettre à la charge du prêteur à la grosse, c'est de ne lui faire supporter que les pertes qui ont lieu pendant le temps que les risques sont à sa charge. C'est ce temps que nous allons déterminer dans le paragraphe suivant.

§ 2.— *Durée du risque.*

Deux cas bien distincts peuvent se présenter : ou bien les parties ne se sont pas exprimées dans leur contrat sur cette durée, ou elles l'ont expressément fixée d'avance. Dans le premier cas le prêteur répondra des risques tant que dure le voyage ; telle est la règle que nous donnent la loi 3 à notre titre au Digeste et la loi 1 à notre titre au Code. La première nous apprend en effet que le créancier devra supporter les risques à dater du jour où l'on a cru devoir mettre à la voile (*ex eâ die ex quâ navem navigare conveniat*). Le mot : *conveniat*, nous semble être une application de la règle que nous avons vue ci-dessus que l'emprunteur doit être exempt de toute faute ; il doit en effet signifier que le départ doit avoir lieu à un moment favorable ; Saumaise en conclut même que le prêteur pourrait fixer d'avance cette époque dans le contrat, et nous croyons cette opinion parfaitement exacte. Quant à la loi 1 au Code, elle nous dit que le créancier est libéré de tout péril au moment où le navire entre sain et sauf dans son port de destination.

Mais il arrivait souvent que les parties, dans leur contrat même, limitaient le temps pendant lequel le prêteur aurait les risques à sa charge; on doit alors s'en tenir à la convention des parties. Nous trouvons un exemple de cette clause dans un texte que nous allons étudier, à cause des difficultés qui se sont élevées sur son interprétation, et parce qu'il nous donne une formule de contrat à la grosse chez les Romains : c'est la célèbre loi *Callimachus* (loi 122, § 1ᵉʳ, D., *De verborum obligationibus*, 45, 1). Notons tout d'abord que cette formule se rapproche beaucoup de celle qui était usitée à Athènes, telle que nous l'a conservée Démosthène.

Voici l'espèce prévue par cette loi : Callimaque a reçu une somme à titre de prêt à la grosse de Stichus, esclave ordinaire de Seïus, à Béryte, ville de Syrie; cet argent doit servir à acheter des marchandises à Béryte pour les transporter à Brindes, et là les échanger contre d'autres qui seront rapportées à Béryte pour y être vendues. Le prêteur se charge de tous les risques de la navigation, mais sa durée ne devra pas excéder deux cents jours, et l'emprunteur s'engage à quitter Brindes avec son nouveau chargement avant les ides de septembre. On convient en outre que, s'il n'en est pas reparti dans ce délai, il sera tenu de restituer au prêteur son argent avec les intérêts maritimes et les frais accessoires, tout comme si celui-ci eût couru le risque entier. La créance sera ga-

rantie par un gage qui portera sur toutes les marchandises achetées soit à Béryte, soit à Brindes. Nous rencontrons maintenant dans le texte la trace d'une coutume
assez générale dans notre contrat; lorsque l'argent prêté
pouvait, d'après la convention, être remboursé dans un
lieu autre que celui où le prêt avait été fait, le créancier
mettait sur le navire, objet du risque, un esclave dont la
mission consistait à veiller sur ses intérêts et à encais-
ser l'argent prêté, s'il y avait lieu. C'est ainsi que, dans
notre espèce, Stichus charge Eros, son esclave vicaire,
d'accompagner les marchandises et de toucher à Brindes
toutes les sommes qui lui sont dues par Callimaque, si
celui-ci n'en est pas reparti avant les ides de septembre;
ce dernier s'engage même à fournir en ce cas à Eros les
frais que nécessitera son voyage à Rome, où il ira porter
l'argent par lui reçu.

Jusqu'ici pas de difficulté, à part une légère erreur de
rédaction : nous voyons en effet Stichus désigné dans le
commencement du texte comme l'esclave de Seïus, et
plus bas comme celui de Titius; mais au point où nous
en sommes parvenus, le texte devient obscur. Il résulte
bien de ce que nous avons vu ci-dessus que le créancier
ne pourra rien réclamer à Callimaque si celui-ci perd son
navire avec son chargement par fortune de mer et sans
avoir violé les conditions du contrat; et pourtant Scévola,
auteur de notre loi 122, quoique supposant expressément
que Callimaque remplit toutes les conditions à lui imposées, et que le navire périt dans son voyage de retour de
Brindes à Béryte, décide qu'il sera tenu envers son préteur à restituer la somme prêtée.

Cette conséquence est inadmissible; aussi bien des

systèmes ont-ils été proposés pour lever la contradiction
évidente qui existe entre les principes et la décision de
Scévola. Cujas déclare que toute difficulté disparaît si on
donne du texte une saine interprétation : nous serions
heureux de connaître celle que proposait l'éminent jurisconsulte, mais elle ne ressort pas bien clairement de
son commentaire sur notre loi. Admet-il, comme le fait
Robertus, que la décision de Scévola est motivée par un
changement de route, changement qui, bien qu'approuvé
par Eros, libère le créancier de toute responsabilité,
quoique toutes les autres conditions aient été observées?
Nous ne le pensons pas, car ce système nous paraît tout
à fait arbitraire; rien dans notre texte ne peut lui servir
de fondement, à moins qu'on n'y suppose des circonstances sur lesquelles il est complétement muet. La pensée de Cujas nous paraîtrait être plutôt que le débiteur
reste tenu, malgré la perte du navire, parce que, s'il a
quitté Brindes avant les ides fixées, il en est parti trop
tard pour arriver à Béryte au terme convenu. Cette explication, du reste, nous satisferait peu, car, pourvu qu'il
ait quitté Brindes avant le terme qui lui a été assigné,
Callimaque ne peut pas être tenu des risques tant qu'il
se trouve dans le délai de deux cents jours pendant lequel le créancier a pris le péril à sa charge, si la convention était d'ailleurs respectée, ce qui a lieu dans ce
système. Il faudrait donc, pour s'y rendre compte de la
décision de notre loi, supposer en outre que ce délai est
expiré lors du naufrage, circonstance dont notre texte ne
fait aucune mention. Comment comprendre d'ailleurs
que le jour du départ de Brindes, puisqu'il a été fixé
d'avance par les parties, ne l'ait pas été de façon à ce

que, s'il l'observe, le débiteur puisse arriver dans le délai convenu?

Nous sommes donc obligés de recourir à une interpolation pour expliquer notre loi; c'est là un moyen souvent arbitraire que nous aimons peu, mais qu'il faut bien employer après avoir en vain essayé tous les autres. Deux systèmes de correction ont été proposés pour résoudre la difficulté qui nous occupe. Le premier, œuvre de Duarem, consiste à lire : *Merces perferens in navem mansisset eo tempore...* au lieu de : *Merces perferendas Beryto in navem misisset eo tempore...* Le second, auquel se rangent Alciat, Donneau et Pothier, ajoute simplement le mot : *non*, avant ceux-ci : *ante idus suprascriptas*. L'un et l'autre rendent parfaitement compte de la décision de notre texte, mais nous nous rangerons au second, comme étant plus simple; il nous paraît en effet bien plus aisé de supposer l'omission d'une négation par un copiste maladroit ou peu attentif, que le changement de plusieurs mots, comme le fait Duarem. D'ailleurs, la vérité de ce dernier système nous paraît ressortir des mots : *eo tempore quo jam...*; ils nous prouvent en effet que l'argent eût déjà dû être remboursé à Eros au moment où le départ a eu lieu; ce remboursement n'ayant pu être exigé qu'après que les ides de septembre ont été écoulées sans que Callimaque mît à la voile, il nous paraît bien évident, d'après le texte même, que le départ du navire n'a eu lieu qu'après ces ides.

Dans ce système, l'esclave Eros a eu tort de repartir pour Béryte au lieu de se faire payer à Brindes, comme cela avait été convenu en cas de retard; mais ce consentement par lui donné à un départ tardif en dehors des termes du contrat, ne peut nuire à Stichus son mandant. En effet, le mandat qu'il avait reçu se bornait à toucher à Brindes la somme prêtée, si la condition à laquelle était subordonné le payement dans cette ville se trouvait accomplie. On peut se demander maintenant ce qu'il faudrait décider si, dans la même hypothèse, Eros avait reçu le mandat bien plus large de toucher la somme où et quand il le voudrait : nous croyons qu'en ce cas Stichus conserverait bien son action contre Callimaque, mais que cette action tomberait devant une exception tirée du consentement d'Eros.

Quoi qu'il en soit du reste de l'explication que l'on donne de cette loi, elle nous prouve (et c'est là le point important pour nous) que le préteur peut limiter, quant à leur durée, les risques qu'il prend à sa charge. Nous aurons à étudier plus tard l'effet produit quant aux intérêts par cette limitation.

En résumé, dans le *nauticum fœnus* les risques sont pour le préteur, mais il ne répond que des risques résultant de la navigation, et indépendants de toute faute du débiteur. Il en répond pendant toute la durée du voyage, s'il n'y a pas de clause contraire, et pour le temps seulement fixé par la convention, si elle s'est expliquée sur ce point.

CHAPITRE IV.

DES INTÉRÊTS EN MATIÈRE DE NAUTICUM FŒNUS.

Avant d'étudier la seconde différence que nous avons admise entre le *nauticum fœnus* et le *mutuum*, et qui consiste en ce que le premier ne peut recevoir ses règles spéciales que lorsque le créancier a commencé à courir un risque, tandis que le second est parfait par la dation, nous allons nous attacher à ce que notre contrat avait de particulier quant aux intérêts. Cette étude se divise naturellement en deux parties, car il faut nous placer successivement avant et après les innovations de Justinien en notre matière.

§ 1er. — *Des intérêts maritimes avant Justinien.*

Quand il s'agit d'un prêt ordinaire, l'intérêt que réclame le créancier est un équivalent de la privation de son capital qu'il s'impose en faveur de l'emprunteur, d'où il résulte que cet intérêt devra croître avec la durée de cette privation; il sera donc proportionnel au temps pendant lequel le débiteur aura gardé la somme par lui empruntée. Il en est tout autrement pour l'intérêt maritime : son caractère fondamental est de compenser pour le créancier le péril qu'il court de perdre son argent; aussi ne sera-ce pas de la durée du prêt, mais de la grandeur de ce péril qu'on devra tenir compte pour déterminer la somme que le prêteur à la grosse pourra réclamer en sus du capital qu'il a fourni.

Ce caractère de l'intérêt maritime ressort de la nature même de notre contrat et de textes nombreux ; nous le trouvons, par exemple, exprimé dans la loi 5 de notre titre au Digeste, quelles que soient, du reste, les difficultés d'interprétation que présente ce texte, ainsi que nous le verrons plus tard.

C'est de ce caractère que dérivent les différences que nous avons relevées entre les règles du *mutuum* et celles du *nauticum fœnus* en ce qui touche les intérêts ; nous en avons reconnu deux, dont nous allons nous occuper en détail. La première, est que l'intérêt maritime peut être réclamé en vertu d'un simple pacte ; elle ressort de la loi 7 de notre titre au Digeste, où Paul nous dit que dans certains contrats, le *nauticum fœnus* par exemple, des intérêts sont dus en vertu d'un simple pacte, comme ils le sont en général en vertu d'une stipulation. Notons qu'il faut évidemment, dans ce texte, sous-entendre les mots : *ex nudo pacto*, avant ceux-ci : *quemadmodum per stipulationem*. Dans le *mutuum* ordinaire, il fallait, au contraire, pour que le prêteur pût réclamer des intérêts, qu'il le fît en vertu d'une stipulation expresse. En effet, le *mutuum* étant un contrat qui se forme *re*, l'obligation ne prend naissance que jusqu'à concurrence de la somme, objet de la dation, et le juge ne peut en aucune façon ajouter à cette obligation, puisque la formule d'action qui le constitue, étant *stricti juris*, le force à se renfermer dans ses termes mêmes. Le *mutuum* lui-même ne pouvant fournir d'action au créancier pour réclamer des intérêts, il devait en faire naître une à son profit au moyen d'une stipulation consentie par le débiteur. Remarquons, du reste, que dans certains cas exceptionnels de *mutuum*, un simple pacte suffisait, comme en notre matière ; il en était ainsi dans les prêts de denrées et dans ceux faits par les villes. (Lois 12 et 23 au Code, *De usuris*, 4, 52 ; loi 30, D., *ibidem*, 22, 1.)

La seconde différence qui existe entre l'intérêt maritime et celui qui résulte d'un *mutuum*, est que le taux du premier est illimité, tandis que les lois avaient fixé pour le second un maximum qu'il n'était point permis de dépasser ; la quotité de ce maximum, sous la loi des Douze Tables, a toujours divisé les interprètes ; mais c'est une discussion dans laquelle nous n'entrerons pas, parce qu'elle est tout à fait étrangère à la matière que nous traitons.

Cet avantage accordé au prêteur à la grosse est formellement reconnu par Paul dans un passage où il indique en quelques mots tous les caractères saillants de notre contrat : « *Trajectitia pecunia propter periculum creditoris, quamdiu navigat navis, infinitas usuras recipere potest.* » (Sentences, liv. II, tit. XIV, § 3.) Nous ne saurions du reste trop approuver le système de liberté illimitée suivi en notre matière par les Romains jusqu'à Justinien ; les parties seules peuvent apprécier quel est l'équivalent auquel a droit le créancier, puisqu'elles devront le proportionner au péril que tant de causes peuvent faire varier dans chaque contrat. Ajoutons que l'emprunteur sera seul apte à juger si les bénéfices probables de l'opération qu'il se propose d'entreprendre suffiront pour l'indemniser des frais que va lui causer son emprunt. Le prêteur peut de même seul calculer si le profit qu'on lui propose en cas d'heureux voyage est assez fort pour l'indemniser des chances de perte que présente l'opération. Restreindre la liberté des parties sur ce point ne peut donc avoir d'autre effet que de rendre plus rare ce genre de contrat, si utile pour l'emprunteur, qui, sans lui, se verrait contraint de renoncer à une opération avantageuse, et si important pour l'État lui-même, dont il développe puissamment le commerce.

Un seul auteur, Buddée, a eu l'idée de soutenir que tel n'était pas le système suivi par les Romains; il prétend tirer du paragraphe premier de la loi 4 de notre titre au Digeste, que l'intérêt maritime ne pouvait pas, avant Justinien, dépasser le double de la *centesima usura*. Sans entrer dans l'examen de cette loi, que nous aurons à expliquer ci-dessous, nous dirons que cette opinion, contraire au texte de la loi 26, § 1, au Code, *De usuris*, 4, 32, a été universellement repoussée.

Du reste le taux de l'intérêt maritime non fixé par les lois dut l'être bientôt par la coutume; aussi trouvons-nous sur sa fixation à l'époque de Justinien et avant les innovations de cet empereur de forts curieux détails dans la Novelle 106. Nous en dirons quelques mots à titre de document historique.

Les prêteurs à la grosse, nous dit ce texte, avaient deux modes différents de calcul pour les intérêts qui leur étaient dus; en général ils réclamaient par voyage un intérêt de 10 p. % avec le droit de charger sur le navire, objet du risque, un boisseau d'orge ou de froment par chaque solide prêté; non seulement l'emprunteur devait transporter ces denrées sans exiger de fret, mais encore il était tenu d'acquitter tous les droits qui pouvaient les grever jusqu'au lieu de destination. Si, au contraire, le prêteur ne voulait pas user de cette faculté de charger des grains sur le navire, il recevait par voyage, à titre d'intérêt maritime, un huitième du capital par lui prêté, soit 12 1/2 %. On voit par cette Novelle que l'on ne tenait aucun compte du temps que durait le voyage, et c'était avec raison puisque l'intérêt maritime est, nous l'avons dit, une compensation du péril couru par le créancier, péril indépendant de cette durée.

Les lois qui avaient fixé un maximum d'intérêt, lorsqu'il s'agissait d'un prêt ordinaire, avaient de plus admis que le créancier ne pouvait pas le laisser indéfiniment s'accroître par le non payement; tout intérêt cessait d'être dû dès que ses termes échus et non payés formaient une somme égale au capital prêté. Quant à la question de savoir si cette règle était applicable à l'intérêt maritime, elle ne pouvait pas se présenter en général puisque nous avons vu qu'il était fixé à tant par voyage sans tenir compte de sa durée, mais nous croyons qu'elle n'aurait pas pu lui être appliquée, même dans le cas où il eût été convenu à tant par jour ou par mois. Les textes sont muets sur ce point, mais nous pensons que cette conclusion ressort du caractère particulier de l'intérêt maritime et du système général de faveur suivi par la loi lorsqu'il s'agissait de prêt à la grosse.

§ 2. — *Innovations de Justinien.*

Poussé par son désir d'innover, cet empereur voulut réformer les anciennes règles relatives au taux des intérêts et les remplacer par une législation nouvelle ; telle fut la pensée qui lui inspira la loi 26 au Code, *De usuris*, 4, 32. Il ne respecta pas plus que les autres les principes jusqu'alors admis en matière d'intérêt maritime bien que l'expérience en eût démontré la sagesse, et décida que les prêteurs à la grosse ne pourraient pas réclamer à titre d'indemnité au delà de la *centesima usura*, taux dont nous étudierons plus loin la quotité. Les réflexions que nous avons faites ci-dessus sur les avantages de la liberté complète en notre matière prouvent suffisamment combien nous regardons comme malheureuse l'innovation que Justinien y introduisit. Elle est, du reste, si incontestablement mauvaise que certains auteurs n'ont pas voulu, malgré l'évidence qui ressort des textes, croire que telle eût été la pensée de l'empereur. Ainsi Dumoulin nous dit que la loi 26 ne sera applicable qu'en cas de péril léger ; dans toute autre hypothèse on devra s'en tenir à la loi 5 de notre titre au Digeste, qui proclame sur ce point la liberté des conventions ; ce système est trop arbitraire et présente trop d'indétermination pour qu'il soit besoin de chercher à le réfuter. De son côté, Emérigon pense que la loi 26 n'est applicable que dans l'hypothèse prévue par la loi 4 de notre titre au Digeste, c'est-à-dire lorsque les risques restent à la charge de l'emprunteur. Il ajoute que cette opinion n'est pas inconciliable avec la loi 26 et les Novelles 106 et 110 ; nous serions heureux pour l'empereur Justinien qu'Emérigon nous eût indiqué quelle conciliation satisfaisante il avait pu trouver entre ces textes et le système qu'il propose ; alors, en effet, nous ne pourrions reprocher à Justinien d'avoir abrogé une règle dont la pratique avait démontré la sagesse et nous en serions réduits à trouver peu justifiée la règle portée par la loi 26. Dans le cas, en effet, où le prêteur d'une somme destinée au commerce maritime ne veut pas se charger des risques, nous ne voyons aucune raison pour lui permettre de stipuler un intérêt plus considérable que celui que peut réclamer un prêteur ordinaire. Mais Emérigon n'apporte aucune raison à l'appui de son système, aussi nous en tiendrons-nous au texte formel de la loi 26 et dirons-nous que Justinien a limité le *nauticum fœnus* au taux de la *centesima usura*.

La vérité de cette interprétation est d'ailleurs clairement établie par la Novelle 106, où l'empereur lui-même est obligé de reconnaître le mauvais effet produit par le système d'entraves qu'il avait apportées au prêt à la grosse ; système dont se plaignaient à la fois les prêteurs et les emprunteurs, qui du reste violaient la loi nouvelle, d'après ce que nous dit ce texte. En présence de ces réclamations, Justinien dut renoncer à la règle qu'il avait posée dans la loi 26 et en revenir au droit ancien ; c'est ce qu'il fit par cette Novelle 106 ; mais bientôt l'amour de son œuvre reprit chez lui le dessus et la Novelle 110 vint abroger la Novelle 106 pour en revenir au principe de la loi 26. Examinons quel est le sort fait par cette loi au prêteur à la grosse.

Le *nauticum fœnus* y diffère du *mutuum*, quant aux intérêts, sous trois points de vue : 1° il continue à produire des intérêts en vertu d'un simple pacte ; 2° les intérêts qu'il a produits pourront dépasser le montant du capital sans cesser de courir, tandis qu'en cas de *mutuum* ordinaire Justinien avait, par une innovation que nous n'essaierons pas de justifier, décidé qu'on devrait tenir compte non-seulement des intérêts échus et non payés, mais même de ceux que le créancier aurait déjà touchés (Novelles 121 et 138) ; 3° le prêteur à la grosse aura le droit d'exiger la *centesima usura*, tandis que les prêteurs ordinaires ne peuvent stipuler à titre d'intérêts au delà du tiers, de la moitié ou des deux tiers de cette *centesima usura*, selon qu'ils sont personnes illustres, simples particuliers ou commerçants.

Il nous reste à déterminer quel était le taux de cette *centesima usura*. Aucune difficulté ne se présente si l'on se place à l'époque des jurisconsultes ; à cette époque, en effet, on appelle *usura centesima* l'intérêt qui consiste à payer par mois un centième du capital, soit 12 p. %, par an. Nous croyons que sous Justinien cette valeur n'avait pas changé, car nous trouverions une mention législative d'une innovation aussi importante si elle eût été introduite ; quelques auteurs et notamment Noodt prétendent au contraire que la valeur de cet intérêt dont le nom resta le même changea avec la manière de le calculer. Autrefois, disent-ils, on calculait que cent solides rendront un solide par mois ; le taux était bien alors de 12 p. %, mais avec le temps on en arriva à admettre que chaque solide rendrait par an trois siliques (il y a dans le solide vingt-quatre siliques) ; la *centesima usura* devint alors un intérêt égal au huitième du capital, c'est-à-dire 12 1/2 %. Ce système se fonde sur la Novelle 34, dans laquelle Justinien, à propos de prêts faits à des agriculteurs dit formellement qu'on pourra exiger d'eux, par an, trois siliques par solide; ses partisans invoquent aussi une loi de l'empereur Léon et le Commentaire d'Aniane sur la loi 2, au Code théodosien, *De usuris*. Que si on leur objecte que leur opinion n'est pas en harmonie avec le nom de *centesima usura*, ils répondent que ce même nom est dans le *Promptuarium* d'Harménopule, donné à un intérêt d'un solide par mois pour soixante-douze solides de capital. Nous ne nous rangerons pas à ce système malgré ces arguments; on peut, en effet, répondre à celui qui se tire des textes ci-dessus, comme le fait Lecomte, que le chiffre donné par les empereurs et par Aniane est employé par eux, quoique inexact, pour faire un compte rond, s'il nous est permis d'user de cette expression assez triviale. D'ailleurs ce qui nous détermine, c'est que l'adoption du système que nous combattons rendrait faux tout le système de division de la *centesima usura* employé par Justinien.

Il nous reste à examiner une dernière question, celle de savoir si ce taux de 12 p. %, auquel Justinien limite l'intérêt maritime, est fixé par an ou par voyage. Bien que le second mode de calcul nous paraisse bien plus juste, ainsi que nous l'avons dit, nous pensons que c'est le premier que l'empereur voulait appliquer à l'intérêt maritime. Aucun texte ne l'établit expressément, mais cela ressort pour nous de la réflexion suivante : cet intérêt fut introduit par la loi 26 au Code, *De usuris;* or, tous les autres intérêts dont cette loi fixe le taux se calculent par an ; si une exception eût dû être faite ici, le prolixe empereur nous l'eût certainement dit en termes exprès. Quant au payement de l'intérêt maritime, il avait lieu en même temps que le remboursement du capital, c'est-à-dire après que le voyage était terminé. C'était là encore une différence entre notre intérêt et celui ordinaire, lequel se payait ordinairement tous les mois à l'époque des calendes.

CHAPITRE V.

DES EFFETS DE LA *mora* DU DÉBITEUR.

Nous allons revenir à la seconde différence que nous avons signalée entre le *mutuum* et le *nauticum fœnus*, et qui consiste en ce que le premier de ces contrats est parfait par la dation, tandis que le second ne peut recevoir ses règles spéciales que pendant le temps où le créancier court un risque. Aussitôt donc que le créancier ne courra plus aucun péril, on retombera sous l'empire des règles du *mutuum* ordinaire ; c'est ce que nous enseigne Papinien dans la loi 4, *in principio*, de notre titre au Digeste, en nous disant que le créancier, qui ne court plus le risque résultant de la traversée, doit être traité comme celui qui n'a pas voulu prendre les risques à sa charge. Il résulte de ce texte que si les parties sont convenues que, par exception, l'intérêt maritime sera dû par jour ou par mois, le créancier, quoique non remboursé, ne pourra plus le réclamer à dater du jour où le navire est entré dans son port de destination. Toutefois, comme son capital ne lui sera pas immédiatement rendu, il pourra fort valablement se faire indemniser de cette privation ; seulement l'intérêt, n'étant plus alors la représentation du risque, suivra les règles ordinaires ; le prêteur ne pourra le réclamer que s'il y a eu stipulation et il ne pourra dépasser le taux légal. Le second de ces principes ressort évidemment de la loi 44, *De usuris*, D. 22, 1, qui nous dit : *pœnam pro usuris stipulari nemo supra modum usurarum licitum potest.* Quant au premier, il nous paraît résulter et du raisonnement et des textes ; et d'abord la règle générale du *mutuum* doit être ici applicable, car nous n'avons plus qu'un prêt sans aucun risque pour le créancier ; l'exception faite à cette règle en faveur du prêteur à la grosse ne peut donc plus être invoquée. Il ne suffit pas pour faire tomber ce raisonnement de dire, avec la loi 9 de notre titre au Digeste, qu'il s'agit ici non pas d'un véritable intérêt, mais d'une peine qui frappe le débiteur en retard ; quel que soit en effet le nom donné à la somme que pourra réclamer le créancier, nous devons lui appliquer la règle générale à moins de trouver une exception formellement énoncée. Or, non-seulement nous ne la rencontrons pas formulée dans les textes, mais encore ils se servent du mot stipulation, dans le cas dont nous nous occupons. Citons par exemple la loi 4, de notre titre au Digeste, où nous lisons : *in stipulationem deductum... in stipulatione fœnoris... per alteram stipulationem...* et la loi 23, *De obligationibus et actionibus*, D. 44, 7, qui nous dit : *pœna... in stipulationem erat deducta.*

Ajoutons qu'en pratique on stipulait bien toujours des

intérêts en cas de non payement; mais, s'il faut en croire la Novelle 106, on laissait passer trente jours sans en réclamer au débiteur pour qu'il pût pendant ce délai faire vendre les marchandises et désintéresser le prêteur. Cet intérêt représentant pour le créancier la privation de son capital était calculé à tant par jour de retard.

Ici s'élève la question de savoir sur quelle somme on devra calculer cet intérêt; sera-ce sur la somme prêtée ou bien sur cette somme augmentée de l'intérêt maritime? Bien que les textes soient muets sur ce point, nous rejetons sans hésiter le premier mode de calcul soutenu par Pothier, qui se fonde sur ce que le profit maritime est une espèce d'intérêt de l'argent prêté; lui faire produire un intérêt serait enfreindre évidemment les lois qui prohibent l'anatocisme. Quelle que soit l'autorité qui s'attache au nom de ce jurisconsulte célèbre, nous ne pouvons nous ranger à son avis, et voici pour quelles raisons.

L'intérêt maritime a pour caractère spécial d'être le prix du péril couru par le créancier et non pas un véritable intérêt; c'est-à-dire une indemnité de la privation du capital; il faut s'attacher non pas au nom mais bien à la nature de ce profit, et dire que la loi sur l'anatocisme lui est tout à fait étrangère, même par ses motifs. En effet, si cette loi ne fait pas produire d'intérêt aux intérêts, c'est : 1° parce qu'elle ne veut pas ruiner le débiteur en le faisant; 2° parce qu'elle suppose que si ces intérêts eussent été payés, le créancier les eut dépensés, *lautius vivendo* et ne les eut pas placés.

Or, aucun de ces motifs ne peut ici être invoqué; en effet, quant au second il est bien évident que le prêteur à la grosse, s'il est sage, devra capitaliser les profits que lui procurera son commerce pour parer aux éventualités qu'il présente ; quant à la ruine du débiteur, on ne peut dire que la loi a dû la craindre ici puisque l'intérêt maritime se composera d'une somme fixée d'avance et non susceptible d'augmenter comme les intérêts. Mais nous allons plus loin et nous pensons que cette crainte ne l'eût pas déterminée puisque nous voyons qu'elle permet, en notre matière, que les intérêts arriérés, accumulés, dépassent le capital lui-même. Ajoutons que le créancier a dû compter que dès que le voyage serait terminé et l'opération réalisée, il serait payé, non-seulement du capital, mais encore du profit maritime ; la lésion qu'il éprouve par suite du non payement du dernier n'est pas moins grande que celle que lui cause celui du premier ; or, notre intérêt étant une peine doit être proportionnée à la lésion.

Nous avons vu à propos de la loi 122, § 1, *De verborum obligationibus*, D., 45, 1, que le prêteur à la grosse faisait monter sur le navire, objet de son risque, un esclave qui avait pour mission de se faire payer au lieu fixé par la convention, s'il était différent de celui où avait lieu le prêt. Le créancier se trouvait donc privé pendant un certain temps des services de son esclave et il était juste qu'il en fût indemnisé ; tant que durait le péril, cette indemnité se confondait avec l'intérêt nautique dans le calcul duquel on pouvait la faire entrer, puisque son taux était illimité, mais pouvait-il en être de même une fois le péril passé et pendant le temps que le débiteur retardait le payement de la somme due ? Telle est la question complexe que nous avons maintenant à résoudre.

Posons tout d'abord en principe que cette indemnité pouvait être exigée par le créancier et qu'elle formait alors un des éléments de la peine imposée au débiteur en retard, dont parle la loi 9 de notre titre au Digeste.

Il est du reste bien évident que, pour être due, elle devait avoir été formellement stipulée. Quant aux règles qu'il fallait suivre sur ce point, elles nous sont données par la loi 4, § 1 de notre titre au Digeste, texte qui présente quelques difficultés d'interprétation. Rappelons que c'est sur lui que se fonde Buddée, pour prétendre que dans l'ancien droit le taux de l'intérêt nautique était limité au double de la *centesima usura*. Noodt propose de supprimer le mot : *duplum*, que Cujas regarde aussi comme une interpolation des rédacteurs du Digeste; dans ce système notre loi n'est qu'une application particulière de la loi 44, *De usuris*, D. 22, 1, et signifie que la somme exigée en cas de retard comme peine pour le débiteur, peine qui comprend le prix des travaux de l'esclave et l'intérêt du capital, et même selon nous, de l'intérêt maritime, ne peut dépasser le taux légal de l'intérêt.

On peut, du reste, expliquer sans changement la loi qui nous occupe en supposant que Papinien a voulu exprimer deux idées différentes : la première est que le prix fixé pour les travaux de l'esclave ne peut, joint aux intérêts stipulés en cas de retard, dépasser la *centesima usura*; la seconde est que la peine, composée de ces deux parties bien distinctes, cessera de courir dès que la somme de ses termes échus et non payés sera égale au capital. Sous Justinien ces mêmes règles seront applicables en remarquant que le taux que cette peine pourra atteindre ne sera plus 12 p. %, mais 4, 6 ou 8 p. %, selon la qualité des prêteurs, et que pour calculer à partir de quel moment la *pœna* cessera d'être due, on devra tenir compte même des termes payés. La première innovation résulte de la loi 26 au Code *De usuris*, 4, 32, et la seconde des Novelles 121 et 138. On peut choisir entre ces deux interprétations de la loi 4, § 1, puisque toutes deux sont fondées sur des idées fort exactes; aussi si l'on admet la première, doit-on y ajouter la règle relative à la cessation de la peine.

La peine qu'encourait le débiteur par son retard comprenait donc deux parties, mais toutes deux avaient le même point de départ et étaient réclamées en un seul tout.

Nous avons posé en principe qu'en cas de retard, des intérêts ne pouvaient être réclamés par le créancier que s'il les avait stipulés expressément, et nous nous sommes fondés pour le démontrer sur ce qu'il fallait suivre les règles du *mutuum* ordinaire; mais ici s'élève une objection dont nous avons retardé la solution pour ne pas diviser l'exposé des règles à suivre en matière d'intérêt dû pour cause de retard par l'emprunteur à la grosse. Certains auteurs, en effet, prétendent qu'en matière de contrats *stricti juris*, les intérêts devront être traités comme les fruits; ces derniers étant dus dans ces contrats, du jour de la *mora* ou de la litiscontestation, selon qu'on réclame une chose dont on a ou non été déjà propriétaire; on doit, si l'on admet ce système, décider que le prêteur ordinaire pourra, en cas de retard de son débiteur, lui réclamer des intérêts en dehors de toute stipulation, à dater du jour de la litiscontestation. Il nous faut donc réfuter ce système, généralement suivi en Allemagne, pour établir toute la nécessité d'une stipulation à intervenir entre les contractants à la grosse, pour le cas de retard dans le payement.

Le système que nous combattons se fonde d'abord sur la loi 35 au Digeste, *De usuris*, 22, 1, ainsi conçue : *lite contestata usuræ currunt*. Au premier abord ce texte paraît trancher la question, mais il faut remarquer qu'il est tiré du livre 57 de Paul, *ad edictum* et que nous trouvons une autre loi (18 D., *De novationibus*, 46, 2), qui est tirée du même ouvrage et semble bien ne former avec notre loi 35 qu'une seule phrase. Le sens de la loi 35 ne peut donc être bien saisi qu'en la joignant à la loi 18, qui nous dit que la novation arrête le cours des intérêts conventionnels ; Paul, dans la phrase qui se composait de ces deux lois, devait comparer les effets de la novation et ceux de la litiscontestation, et dire que si la première suspend le cours des intérêts conventionnels, la seconde n'a pas cet effet. La raison de cette différence est du reste bien simple ; l'espèce de novation produite par la litiscontestation ayant été admise dans l'intérêt du demandeur, on ne peut en retourner contre lui les effets, et par suite décider qu'elle le privera des intérêts qu'il avait stipulés. Il résulte de cette observation que la loi 35, *De usuris*, vise des intérêts conventionnels et que dans la question qui nous occupe on ne peut par suite en tirer argument.

Nos adversaires invoquent ensuite la loi 34 au même titre *De usuris*, qui nous dit : *usuræ fructuum vicem obtinent*; et, ajoutent-ils, n'allez pas objecter que cela n'est vrai que dans les contrats *bonæ fidei*, puisque la loi ajoute : *et ita in legatis et fideicommissis.* Avant d'expliquer comment ces mots se trouvent dans la loi 34, notons que le reste de ses termes est plutôt favorable que contraire à notre opinion ; car, pourquoi le jurisconsulte, s'il eut admis celle que nous réfutons, eût-il fait une énumération de cas dans lesquels cette règle s'applique en ajoutant : *et ita in bonæ fidei judiciis?* Il eut, au lieu de cela, posé le principe en déclarant qu'il est vrai : *in omnibus judiciis.* Dans notre système, au contraire, on comprend très-bien pourquoi Ulpien, auteur de ce texte, s'est exprimé ainsi qu'il l'a fait ; en effet, le principe qu'il pose est vrai dans les contrats de bonne foi et par exception dans les actions *stricti juris* qui résultent des fidéicommis et des legs *sinendi modo.* Ces deux mots que nous restituons devaient exister dans l'œuvre originale d'Ulpien, puisqu'ainsi que nous le voyons dans le § 280 du Commentaire 2 de Gaius, cette règle spéciale et contraire à la théorie générale des actions *stricti juris*, n'était vraie que pour le legs *sinendi modo.* Seulement Justinien a corrigé le texte d'Ulpien, parce qu'il a voulu assimiler sur ce point tous les legs à celui *sinendi modo*, par suite du système qu'il suivait de faire produire à chaque espèce de legs les effets de l'espèce autrefois la plus favorisée.

Quant aux fidéicommis, les procès qui en naissaient étaient jugés par un préteur spécial ; on ne peut en tirer argument, car ce préteur décidait *ex bono et æquo.*

Ajoutons, avec M. Vernet, que cette différence entre les intérêts et les fruits se justifie parfaitement en raison : on n'admet en effet la restitution des fruits à partir de la *mora* que pour que le demandeur ne souffre pas de l'injuste résistance du défendeur. Il est bien certain que si la chose eût été rendue au moment où elle aurait dû l'être, le demandeur en eut retiré des fruits depuis lors, car elle n'aurait pas cessé d'en produire ; il eut pu au contraire, s'il s'agit d'une somme d'argent, ne pas en retirer d'intérêt.

Nous espérons avoir ainsi démontré que, dans les contrats *stricti juris*, des intérêts moratoires ne peuvent être dus qu'en vertu d'une stipulation expresse, et que cette règle, étant applicable au *mutuum*, le sera aussi au *nauticum fœnus* qui en est une variété. Nous nous sommes étendus sur ce principe parce qu'il faut l'admettre pour comprendre toute l'utilité des règles que nous avons étudiées relativement à cette stipulation d'intérêts.

Il ne nous reste plus maintenant qu'à rechercher comment le débiteur sera constitué *in morâ*, c'est-à-dire par quels moyens le créancier commencera à faire courir la *pœna* par lui stipulée qui, nous l'avons vu, pourra comprendre, outre les intérêts, une somme représentative des travaux de l'esclave qui a accompagné le navire. Africain (23, D., *De obligationibus et actionibus*, 44. 7.) nous apprend qu'aucune interpellation ne sera pour cela nécessaire, et que la peine sera due par cela seul que le jour fixé pour le payement se sera écoulé sans qu'il ait été effectué. Pomponius, au contraire, enseigne d'après Labéon, que le débiteur doit être interpellé (L. 2 de notre titre au Digeste) ; toutefois, il ajoute qu'une déclaration devant témoins, attestant que l'interpellation a été impossible, suffira lorsque cette impossibilité aura existé en fait, ce qui arrivera par exemple dans l'hypothèse prévue par la loi 9 *ibidem*, c'est-à-dire lorsque le débiteur sera mort sans laisser de successeurs.

Il y avait donc sur ce point controverse entre les jurisconsultes romains; ce fut l'avis d'Africain, professé aussi par Papinien (L. 9, § 1; D. *De usuris*, 22. 1), qui prévalut définitivement sous Justinien, ainsi que le prouve la loi 12 au Code, *De contrahendâ et committendâ stipulatione*, 8, 38.

Il est du reste bien entendu que, dans ce système, le non payement ne constituerait pas le débiteur *in morâ* s'il provenait du fait du créancier; c'est là ce que nous enseigne la loi 8 de notre titre au Digeste, qui ne fait du reste qu'appliquer la règle générale donnée sur ce point par la loi 105, *De verborum obligationibus*, D. 45, 1. Papinien (loi 9, § 1. D., *De usuris*, 22, 1.), nous fournit un cas où le défaut de payement provient du fait du créancier; il nous apprend en effet que si, le créancier étant mort lors de l'échéance, le débiteur n'a pu trouver personne entre les mains de qui il put se libérer, on ne pourra lui réclamer la *pœna* résultant du retard qu'à dater du jour de la poursuite exercée contre lui par un successeur du défunt. Si donc ce successeur vient réclamer la peine depuis l'échéance son action tombera devant une exception de dol.

CHAPITRE VI.

DES GARANTIES QUI POUVAIENT APPARTENIR AU PRÊTEUR A LA GROSSE.

Le péril maritime faisait courir en notre matière au prêteur assez de chances de perte pour qu'il se mît du moins en garde contre celles qui pourraient provenir de l'insolvabilité de son débiteur. Plusieurs moyens lui étaient ouverts pour assurer le payement de ce qui lui était dû en cas d'heureux voyage; nous allons les étudier successivement.

Il n'est pas douteux que le prêteur à la grosse ne pût, comme tout autre, stipuler que l'emprunteur lui fournirait des fidéjusseurs; ceux-ci devaient répondre en ce cas du payement, non-seulement du capital fourni, mais encore de l'intérêt maritime et de la peine stipulée en cas de retard; il est de principe en effet, qu'à moins de convention contraire, le fidéjusseur est tenu comme le débiteur principal qu'il cautionne.

Mais le plus souvent la sûreté exigée par le créancier consistait dans une constitution de gage ou d'hypothèque à lui faite par l'emprunteur; ce dernier affectait ainsi au payement de sa dette, soit le navire avec ses agrès regardés comme accessoires, soit les agrès séparément, soit des marchandises seulement ou même des esclaves chargés ou à charger sur le navire, soit le navire avec son chargement.

Quelquefois même l'emprunteur engageait des objets précieux non destinés à la vente ou donnait hypothèque sur tous ses biens présents et futurs. Toutes ces garanties étaient usitées à Athènes, au rapport de Démosthène, et les Romains avaient dû imiter sur ce point les Athéniens.

Le plus souvent, du reste, l'hypothèque que le prêteur à la grosse exigeait, portait sur le navire et son chargement (loi 122, § 1, D. *De verborum obligationibus*, 45, 1; loi 4 à notre titre au Digeste); elle frappait même en certains cas des marchandises chargées sur d'autres navires (loi 6 de notre titre au Digeste). Du reste il est fort probable qu'à Rome, comme à Athènes, le prêteur devait stipuler que le gage qui lui était consenti porterait sur une valeur au moins double de celle du capital prêté. L'emprunteur devait en outre être obligé de déclarer si les objets qu'il engageait étaient bien libres de tout autre droit, et il lui était interdit de consentir de nouveaux droits sur ces mêmes objets sans y être autorisé par le prêteur. Si plusieurs hypothèques valables étaient ainsi successivement consenties par l'emprunteur sur les marchandises affectées à la sûreté du prêt à la grosse, leur rang se réglait selon le droit commun, par la date du contrat; ce principe recevait toutefois exception dans le cas où l'un des créanciers gagistes avait sur les autres un droit de préférence : il en était ainsi, par exemple, si l'un d'eux avait, par son prêt, conservé le gage commun; n'est-il pas bien juste en effet qu'il soit privilégié sur cet objet qui sans lui eut péri? Il y aura par conséquent en notre matière un droit de préférence pour le créancier qui aura prêté à la grosse sur un navire en cours de voyage et déjà grevé d'une hypothèque résultant d'un prêt de ce genre ; en fournissant au navire l'argent nécessaire pour se mettre en état de continuer sa route avec sécurité, il a bien réellement conservé le gage du premier prêteur.

Tous les principes que nous venons d'énoncer sont contenus dans les lois 5 et 6 au Digeste, *qui potiores sunt in pignore*, 20, 4, dont nous allons donner la traduction d'après M. Pellat. — Loi 5. « Quelquefois le second créancier est préférable au premier : par exemple si l'argent prêté par le second créancier a été dépensé pour conserver la chose ; ainsi un navire était hypothéqué et j'ai prêté pour l'armer ou le radouber. » — Loi 6. « En effet, c'est l'argent du dernier qui a sauvé le gage de tous. On pourrait étendre cette décision au cas où un emprunt a été fait pour nourrir les matelots sans lesquels le navire ne pouvait pas arriver à bon port. » Nous pouvons trouver dans cette même loi des cas de préférence qui se présentent lorsque ce sont des marchandises seulement qui ont été engagées ; en effet, ses §§ 1 et **2** sont ainsi conçus : « De même si un créancier prête sur des marchandises hypothéquées, soit pour les sauver, soit pour payer le nolis, il sera préférable quoique postérieur en date, car le nolis lui-même est préféré. Il en faut dire autant du loyer des magasins ou d'un emplacement... »

Quant à l'étendue de la dette garantie par l'hypothèque, il est bien évident qu'elle comprend non-seulement le capital prêté, mais encore les intérêts et autres accessoires, puisque cette obligation tout entière est née d'un seul et même contrat ; aussi trouvons-nous ce

principe formellement posé dans la loi 18, D., *qui potiores sunt in pignore*, 20, 4, qui nous dit qu'en cas de prêt
à intérêt, l'hypothèque consentie par l'emprunteur garantit le payement des intérêts comme celui du capital.
Cette règle ne serait pourtant pas vraie si les intérêts et
accessoires convenus dépassaient le maximum fixé par
la loi, ainsi que cela résulte de la loi 4, *in principio* de
notre titre au Digeste, où nous lisons : *nec pignora vel
hypothecæ titulo majoris usuræ tenebuntur*. Du reste, si
Papinien le dit ainsi formellement, c'est que quelques
doutes eussent pu s'élever à cet égard, parce qu'il y a
des cas où l'on peut, s'ils ont été garantis par une hypothèque, réclamer des intérêts qu'on n'eût pu exiger sans
cela ; pour n'en citer qu'un exemple on peut, par suite
d'un *mutuum*, se faire payer des intérêts promis par
simple pacte lorsqu'il y a eu une constitution de gage.

L'hypothèque qui garantit un prêt à la grosse présente
quelques caractères qu'il nous faut étudier maintenant.
Et d'abord, s'il s'agit de marchandises trajectices, le
gage qui les grève n'empêchera pas de les vendre au lieu
fixé par la convention, seulement les marchandises nouvelles qui les remplaceront sur le navire seront frappées
du même droit de gage ; si ce principe n'eût pas été admis, l'emprunteur n'aurait pas pu exécuter l'opération
qu'il s'était proposée, c'est-à-dire charger le navire, au
moyen de l'argent prêté, de marchandises qui, arrivées
en un lieu déterminé, devront y être échangées contre
d'autres que l'on transportera ailleurs pour en réaliser
la valeur. Aussi peut-on dire que cette possibilité de
vente ressort de tous les textes qui font mention d'une
pareille entreprise.

Une seconde remarque à faire sur l'hypothèque dont nous parlons, c'est qu'elle est toujours subordonnée à une condition : le prêteur ne pourra, en effet, se prévaloir des droits qu'elle lui confère que si le navire arrive à bon port, ou du moins s'il ne survient aucun accident pendant tout le temps durant lequel les risques étaient à la charge du créancier, s'il n'a voulu en assumer qu'une partie d'après le contrat même. Comment comprendre que le créancier puisse se prévaloir de l'hypothèque qui lui a été consentie si son droit de créance, dont elle n'est que l'accessoire, vient à s'éteindre ; or, ce ne sera qu'au moment de l'arrivée du navire ou de l'expiration du délai qu'il y aura certitude que la créance du prêteur ne s'éteindra plus.

L'emprunteur sera libéré de toute obligation si le navire vient à périr pendant qu'il est aux risques du prêteur, alors même que les gages qu'il a consentis subsisteraient encore ; telle est la doctrine que nous enseigne Paul dans la loi 6 de notre titre au Digeste. Ce texte vise l'espèce suivante : une personne a prêté à la grosse de l'argent à une autre et a stipulé qu'elle ne se chargeait des risques que pendant un certain nombre de jours ; le prêteur a reçu comme garantie un droit de gage sur les marchandises que porte le navire, objet du risque, et en cas d'insuffisance sur des marchandises chargées sur d'autres vaisseaux et engagées déjà à d'autres prêteurs à la grosse, ou plus exactement sur la différence qui existe entre la valeur de ces marchandises et les sommes pour lesquelles elles sont engagées. Le navire, étant encore aux risques du créancier, périt avec sa cargaison qui eût suffi pour désintéresser ce prêteur, et l'on se demande si celui-ci pourra néanmoins exercer le droit de gage qui lui a été consenti sur des marchandises placées sur d'autres navires et qui sont arrivées à bon port.

Ce qui pourrait le faire croire, c'est qu'en général la perte de la chose engagée ne libère pas celui qui l'avait grevée de ce droit, mais il ne faut pas s'arrêter ici à cette idée parce que la perte du navire, ayant eu lieu pendant que les risques étaient encore à la charge du créancier, détruit toute obligation. Celle qu'avait contractée l'emprunteur était subordonnée à une condition : l'arrivée à bon port du navire qui ne se réalise pas; elle ne peut donc être invoquée par le préteur, qui perd par suite tout droit à la garantie qu'il avait stipulée comme accessoire de cette obligation.

Mais alors, se demande le jurisconsulte, dans quels cas le préteur pourra-t-il se prévaloir de son droit de gage sur les marchandises qui n'étaient pas à ses risques? Il le pourra si le navire arrive à bon port, mais que les marchandises qu'il porte se vendent à un prix trop bas pour pouvoir désintéresser le préteur, ou si le navire périt à une époque où il n'est plus aux risques du créancier, ou par suite d'un accident dont celui-ci a déclaré ne pas se charger, ainsi par incendie.

A ces cas on peut ajouter celui où le navire a péri en suivant une route différente de celle dont les parties étaient convenues, ou par suite d'une faute imputable à l'emprunteur.

Etudions maintenant le cas où le préteur à la grosse a négligé de se faire donner des garanties spéciales pour sûreté de sa créance, et voyons si la loi, qui favorise ce genre de prêt, ne lui accorde sous ce point de vue aucun avantage sur le *mutuum* ordinaire.

Les lois 26 et 34 au Digeste, *De rebus auctoritate judicis*, etc., 42, 5, nous disent que celui qui a prêté de l'argent pour acheter, construire ou réparer un navire aura, quant à ce navire, un *privilegium* qui ne sera primé que par celui qui est accordé au fisc. Il ne faut pas confondre ce bénéfice avec notre privilége français, qui donne au créancier qui en est invésti le droit d'être, sur la chose soumise au privilége, préféré aux créanciers, quelle que soit la nature de leur créance; à Rome, au contraire, le *privilegium* ne confère à celui qui le possède que le droit d'être préféré aux créanciers de même nature que lui. Si donc ce droit appartient à un créancier chirographaire, il passera bien avant les autres créanciers dont la créance n'est munie d'aucune garantie spéciale, mais on lui préférera ceux qui auront sur la chose un droit d'hypothèque; pour qu'il en fût autrement il faudrait (loi 7 au Code, *qui potiores*, etc., 8, 18) que sa créance fût elle-même garantie par une hypothèque. Tel est le droit dont est investi le prêteur à la grosse si son argent a été employé à la construction ou à la réparation d'un navire; il n'était donc pas accordé à celui dont les deniers avaient servi à l'achat de marchandises déstinées à être négociées au loin; la raison de cette différence doit se trouver dans l'intérêt bien plus grand qu'il y a pour l'État à l'augmentation de sa marine qu'au développement de son trafic, pourtant si important déjà.

Certains auteurs, et par exemple Accurse, ont été plus loin et ont soutenu que le prêteur à la grosse avait, s'il s'agit de l'achat, de la construction ou de l'armement d'un navire, une hypothèque privilégiée. Ce système se fonde sur un sénatus-consulte rendu sous Marc-Aurèle pour accorder une hypothèque tacite privilégiée sur cet immeuble à celui qui a prêté de l'argent pour construire ou réparer un immeuble ; il étend cette règle, par analogie, au prêt d'argent destiné à construire, acheter ou réparer un navire.

Notons tout d'abord que, même en admettant l'idée fondamentale de ce système, on ne peut accorder cette hypothèque si l'emprunteur a employé les deniers provenant du prêt à l'achat d'un navire, car le prêt effectué pour servir à l'achat d'un immeuble ne donne pas ce droit, et qu'on ne peut supposer que les navires fussent sur ce point plus favorablement traités que les immeubles. On comprend d'ailleurs fort bien que la création d'un objet nouveau ou la réparation qui prolonge la durée de celui qui existe soit d'un intérêt plus grand pour la richesse publique, et par suite plus favorisée que la transmission de cet objet. Il en serait de même *a fortiori* si le prêt avait eu pour but l'achat de marchandises trajectices.

Mais nous irons plus loin et nous n'admettrons pas l'existence d'une hypothèque privilégiée, même dans le cas de construction ou de réparation d'un navire. L'argument d'analogie, que tirent du sénatus-consulte de Marc-Aurèle les partisans du système opposé, et qui est formellement repoussé par Donneau, ne nous paraît pas devoir être accepté ; en effet, en visant le cas de prêt destiné à des travaux de construction ou de réparation d'immeubles, ce texte nous paraît exclure *a contrario* de ses dispositions tout prêt ayant un autre but. Cet argument *a contrario* a d'autant plus de force qu'il nous fait sortir d'une exception pour rentrer dans la règle générale. Ajoutons que les cas d'hypothèque tacite ne nous semblent pas pouvoir être étendus; il faut, pour les créer, un texte formel, et on ne saurait les déduire d'une assimilation d'ailleurs fort contestable en notre matière. Nous voyons en effet, dès la loi des Douze Tables, les Romains favoriser la création et la conservation des immeubles tandis que le commerce maritime n'obtenait d'eux, malgré son importance, qu'une bien plus médiocre faveur.

On pourrait même valablement contester la portée donnée par Accurse et son école au sénatus-consulte de Marc-Aurèle, car si Papinien, dans la loi 1 au titre: *Quibus causis pignus*, etc., D. 20, 2, semble dire que le préteur aura en ce cas une hypothèque tacite, on peut ne voir dans le mot *pignus*, employé dans ce texte, que le résultat d'une erreur. La doctrine de Papinien est, en effet, contraire à celle d'Ulpien qui, dans plusieurs lois et notamment dans la loi 24, § 1er, D., *De rebus auctoritate*, etc., 42, 5, où il rapporte les termes même de ce sénatus-consulte, nous enseigne que le préteur pour construction ou réparation d'immeubles n'aura qu'un simple *privilegium*.

Nous ne nous étendrons pas sur cette question tout-à-fait en dehors de notre travail; il nous suffit d'avoir établi, du moins nous l'espérons, que de quelque façon qu'on la résolve on peut admettre que le préteur à la grosse dont les deniers ont servi à construire, à armer ou à acheter un navire, n'avait qu'un simple droit de préférence par rapport à ceux qui étaient investis d'une créance de même nature que la sienne. Quant au préteur qui avait fourni de l'argent pour l'achat de marchandises trajectices, il n'avait pour le recouvrement de sa créance que les garanties qu'il avait expressément stipulées.

CHAPITRE VII.

DE L'ACTION ACCORDÉE AU PRÊTEUR A LA GROSSE.

Nous avons examiné, dans le chapitre II de ce travail, quelle était la nature du *nauticum fœnus*, et nous avons vu que trois systèmes étaient proposés sur ce point : dans celui que nous avons cherché à établir, on considère notre contrat comme un *mutuum* soumis à des règles spéciales ; Cujas y voit la réunion de deux contrats : un *mutuum* formé par la *datio* en ce qui concerne la somme prêtée, un contrat innommé *do ut des* en ce qui touche les intérêts maritimes ; enfin, M. de Savigny n'y trouve qu'un contrat innommé *do ut des* s'appliquant aux intérêts comme au capital. Nous avons ajouté que l'adoption de l'un ou de l'autre de ces systèmes avait une grande influence, lorsqu'il s'agissait de décider quelle action appartiendra au prêteur à la grosse pour faire valoir les droits qui résultent pour lui de notre contrat. Tel est le point que nous allons étudier maintenant.

Il nous faut écarter tout d'abord ce qui concerne la réclamation par le créancier de la *pœna* par lui exigée en cas de retard ; cela ne peut, en effet, présenter aucun doute, puisque cette peine ne sera jamais réclamée qu'en vertu d'une stipulation qui engendrera toujours une *condictio*. Cette *condictio* sera *incerti* puisque le montant de cette *pœna* variera selon le temps qu'aura duré le retard et qu'elle continuera à courir durant le procès.

La controverse s'élève donc quant à l'action à donner au prêteur, pour réclamer le payement du capital par lui fourni et des intérêts nautiques.

Dans le système auquel nous nous sommes rangés, le *nauticum fœnus*, comme le *mutuum* dont il n'est qu'une espèce, engendrera au profit du prêteur une *condictio* par laquelle il pourra réclamer tant les intérêts nautiques que le capital qu'il a prêté; cette *condictio* sera toujours *certi* en ce qui touche le capital; quant aux intérêts, elle sera *certi* ou *incerti*, selon qu'ils consisteront en une somme fixée d'avance ou que leur quotité sera modifiée par la durée du prêt.

Nous avons déjà donné les raisons qui nous décident en faveur de ce système, il nous paraît peu utile d'y revenir, aussi nous contenterons-nous de réfuter les deux autres systèmes par l'examen de leurs conséquences, ce qui, du reste, sera une démonstration indirecte de celui que nous préférons.

Dans le système proposé par Cujas, nous devrons, quant à l'action, distinguer entre la réclamation du capital prêté et celle des intérêts nautiques. En effet l'obligation de restituer la somme prêtée, étant née pour l'emprunteur d'un *mutuum*, devra être poursuivie par une *condictio* qui sera *certi* puisqu'il s'agit d'une somme fixée d'avance; quant aux intérêts, dus en vertu d'un contrat innommé *do ut des*, ils devront être réclamés par l'action *præscriptis verbis*.

Dans le système de M. de Savigny, nulle distinction ne devra au contraire être faite ; c'est en vertu d'un contrat innommé que le préteur réclamera capital et intérêts, il devra donc le faire par une action *præscriptis verbis*.

C'est l'impossibilité d'une action *præscriptis verbis* en notre matière que nous allons essayer de prouver, combattant ainsi à la fois les deux systèmes. Dans cette discussion, comme dans quelques autres parties de ce travail, nous nous inspirerons surtout des idées par nous recueillies au cours que M. Vernet a fait avec tant de talent sur les obligations.

L'adoption de l'action *præscriptis verbis* en notre matière présente, selon nous, d'insurmontables difficultés que nous allons examiner. La première est que cette action ne fut que bien tard admise dans le droit romain tandis que le prêt à la grosse y fut fort anciennement connu. Quelle action donnait-on dans l'intervalle au préteur à la grosse si on ne voulait pas voir un *mutuum* dans notre contrat ? Du reste, la difficulté ne disparaît pas si l'on se place à l'époque où cette action a été imaginée par les Proculiens ; leur école, il est vrai, devait bien donner cette action au préteur à la grosse si elle le considérait comme créancier en vertu d'un contrat innommé ; mais il n'en pouvait être ainsi des Sabiniens, car ce ne fut qu'après de longues luttes qu'ils appliquèrent cette action en matière de contrats innommés. Jusque là ils donnaient en ce cas l'action civile naissant du contrat nommé, qui leur paraissait se rapprocher le plus du contrat innommé dont il s'agissait, bien que la ressemblance entre eux ne fût que fort éloignée. Si, pourtant, le contrat innommé n'avait aucune analogie avec un contrat muni d'action par le droit civil, ils avaient recours à l'action de dol ou à celle *in factum*.

Or, si nous appliquons cette règle générale au *nauticum fœnus*, nous verrons que les Sabiniens devaient lui faire produire une *condictio*, même s'ils le regardaient comme un contrat innommé; ce contrat se rapprochait, en effet, du *mutuum* sanctionné par cette action beaucoup plus certainement que l'échange de la vente à laquelle il empruntait pourtant son action dans le système des Sabiniens. Il nous paraît donc incontestable qu'une antinomie devait exister entre les deux écoles si elles ne regardaient pas le *nauticum fœnus* comme un *mutuum* modifié par des règles spéciales et par conséquent comme donnant naissance à une *condictio*.

Mais comment concilier cette idée de divergence d'opinions, qui découle pourtant de toutes les notions que nous possédons sur les contrats innommés, avec les textes qui nous apprennent au contraire que le *nauticum fœnus* avait ce privilége de ne soulever entre les deux écoles aucune contestation. (Loi 2, §8, D., *De eo quod certo loco*, etc., 13, 4)?

Une autre objection bien plus grave encore peut être soulevée contre l'admission en notre matière de l'action *præscriptis verbis* si l'on admet, ce qui est du reste une opinion presque générale, que cette action est toujours de bonne foi. Tous les textes sont d'accord pour lui attribuer ce caractère; le seul qui fasse difficulté est le § 28 du titre *De actionibus* aux Institutes (livre 4, titre 6) où

Justinien, faisant l'énumération des actions de bonne foi, cite comme telle celle *prœscriptis verbis* lorsqu'elle résulte d'un échange ou du contrat estimatoire (*prœscriptis verbis quœ de estimato proponitur et ea quœ ex permutatione competit*). Certains auteurs ont voulu tirer de ce texte un argument *a contrario* et soutenir qu'en dehors de ces deux cas cette action était *stricti juris*, mais cette distinction n'a pas prévalu parce qu'elle ne repose sur aucun fondement raisonnable. Quant à concilier le § 28 avec l'avis commun, on peut le faire, soit en admettant que ces deux cas ont été cités par Justinien à titre d'exemple, soit en supposant que ce paragraphe a été copié par cet empereur dans un auteur qui n'admettait l'action *prœscriptis verbis* que dans ces deux cas vu les difficultés qu'elle a rencontrées avant d'être généralement adoptée.

Nous allons maintenant démontrer, que, si l'on regarde l'action *prœscriptis verbis* comme étant toujours *bonœ fidei*, on ne peut en soutenir l'application dans notre matière. En effet la loi 2, § 8, *De eo quod certo loco*.... (D., 13, 4) nous dit que l'action *de eo quod certo loco* est possible en matière de *nauticum fœnus*, et nous voyons dans la loi 7 au même titre que cette action ne s'emploie jamais lorsqu'il s'agit d'un contrat sanctionné par une action de bonne foi.

Ce principe, du reste, ressort évidemment de la nature même de l'action *de eo quod certo loco*. Elle fut introduite par le préteur pour permettre à un créancier d'agir dans un lieu autre que celui fixé par le contrat pour son exécution. La procédure romaine n'admettant pas qu'on pût lier une instance en l'absence du défendeur, le débiteur n'avait qu'à ne pas se montrer dans la ville ainsi désignée par le contrat pour y rendre toute action contre lui impossible et frauder ainsi le créancier qui, s'il s'agissait d'une action *stricti juris*, ne pouvait l'intenter ailleurs sous peine d'encourir la déchéance de son droit par suite d'une plus-pétition *loco*. C'est pour éviter ce résultat injuste que le préteur imagina l'action *de eo quod certo loco* qui permet au créancier d'agir contre son débiteur, partout où il le trouvera, en prévenant le juge de l'endroit où devait avoir lieu l'exécution du contrat pour qu'il puisse tenir compte dans sa sentence de l'intérêt qu'avaient les deux parties à ce qu'il y fût en effet exécuté. Il est bien évident que si l'action qu'a le créancier est *bonæ fidei*, aucune plus-pétition *loco* n'étant à craindre, il pourra agir où il voudra, sans avoir besoin de l'action *de eo quod certo loco* et sans qu'aucune des parties ait à en souffrir puisque la formule de l'action *bonæ fidei* laisse toute latitude au juge pour apprécier l'intérêt que les parties pouvaient avoir à ce que l'exécution du contrat eût lieu à l'endroit fixé par ce contrat.

De tout ce que nous venons de dire il nous paraît résulter évidemment que pour admettre l'action *prœscriptis verbis* en matière de *nauticum fœnus* il faut l'y regarder comme étant *stricti juris*, or nous avons vu combien ce système, que Cujas se voit forcé de soutenir pour être logique, a peu de fondement.

Si l'on admet au contraire que le *nauticum fœnus* est sanctionné par une *condictio* il ne sera pas difficile de trouver des cas où l'action *de eo quod certo loco* y sera nécessaire. Supposons en effet un prêt d'argent fait à Rome et destiné à acheter des marchandises qui seront transportées à Brindes où l'argent, montant du prêt, sera rendu à un esclave que le créancier place sur le navire ; en cas de non payement la *condictio* ne pourra être intentée qu'à Brindes ; si donc le débiteur en est reparti force sera bien au créancier d'employer l'action *de eo quod certo loco*.

En résumé nous conclurons de toutes ces remarques comme de celles que nous avons faites dans le chapitre II de ce travail que le *nauticum fœnus*, *mutuum* d'une espèce particulière, était sanctionné par une *condictio* qui s'appliquait aux intérêts nautiques tout aussi bien qu'au capital prêté.

Nous avons supposé jusqu'ici que c'est le propriétaire même du navire qui a contracté l'emprunt ; l'hypothèse contraire pouvait se présenter, car souvent les Romains qui dédaignaient le commerce maritime, au lieu de s'y livrer eux-mêmes, l'exerçaient par l'intermédiaire de leurs esclaves ou d'un préposé de condition inférieure.

Dans la premier cas, le prêteur à la grosse ne pouvait intenter la *condictio* ni contre le maître, car il n'avait pas contracté avec lui , ni contre l'esclave, car cette action ne peut être donnée que contre une personne libre puisque (loi 14, D., *De obligationibus et actionibus*, 44. 7) les esclaves ne s'obligent que naturellement par l'effet des contrats. Toutefois, comme il eût été injuste que le prêteur ne pût rentrer dans ses fonds, le droit prétorien lui donnait une action indirecte contre le maître de l'esclave à qui il avait fourni de l'argent. Cette action, que l'on nommait exercitoire, avait lieu, nous disent les Institutes (§ 2, *quod cum eo*..... liv. 4, tit. 7), toutes les fois que l'esclave préposé à la conduite d'un navire avait contracté un engagement relatif au poste qu'il occupait. Le prêt à la grosse était un de ces engagements, ainsi que nous l'apprend Ulpien, (Loi I, § 8, D., *De exercitorid...*, 14, 1.)

Ce mode de recours avait été admis parce qu'on présumait que celui qui a traité avec un esclave a suivi la foi du maître, qu'il a dû supposer avoir tacitement donné pouvoir à son esclave de l'obliger dans la limite des fonctions qu'il lui a confiées. Du reste, cette action, bien qu'elle eût reçu une dénomination spéciale, n'était pas une action particulière, ayant son existence propre, c'était une simple modification de l'action civile, qui serait née du contrat s'il eût été fait avec une personne *sui juris;* dans notre espèce, par exemple, le prêteur à la grosse avait une *condictio* modifiée dans sa formule, non pas au point de vue de la *condemnatio* qui restait *in solidum*, mais au point de vue de la *demonstratio*. La formule, une fois qu'elle avait subi ce changement, pouvait être délivrée contre le maître, quoi qu'il n'eût pas lui-même contracté; l'action exercitoire pouvait même être intentée contre le maître de l'esclave chargé de la conduite du navire, lorsque ce dernier, au lieu de faire directement l'emprunt, avait chargé une autre personne de ce soin même sans l'aveu de l'armateur. (L. I, § 5, D., *ibidem.*)

Si la personne préposée par l'armateur était un homme libre, l'emprunt à la grosse qu'elle contractait donnait naissance à une *condictio*, qui ne pouvait du reste être intentée que contre elle et non contre son préposant, puisque, d'après les principes rigoureux du droit civil romain, le mandataire s'oblige lui-même sans obliger son mandant. Ce résultat était peu équitable, car le préteur avait eu probablement en vue la personne de l'armateur plutôt que celle de son préposé; aussi le droit prétorien vint-il donner même en ce cas l'action exercitoire au prêteur à la grosse, qui put dès lors soit agir directement contre le représentant de l'armateur au moyen de la *condictio*, soit intenter contre le préposant l'action exercitoire comme s'il s'agissait d'un contrat fait par un esclave.

Ajoutons que, s'il y avait plusieurs préposants, l'action exercitoire était donnée *in solidum* contre chacun d'eux ; c'est ce qui ressort de la loi 1, § 25, *De exercitoriá actione.* (D., 14. 1.)

CHAPITRE VIII.

DES CONTRATS ANALOGUES AU NAUTICUM FŒNUS.

Après avoir étudié les caractères qui distinguent le *nauticum fœnus* du *mutuum*, il nous reste à rechercher si nous ne rencontrerons pas d'autres contrats présentant des caractères analogues, et spécialement si nous n'en trouverons pas dans lesquels le créancier puisse réclamer à son débiteur une somme supérieure à celle qu'il lui a prêtée, par suite d'un risque qu'il a couru.

Cette question est résolue dans notre titre même (loi 5 au Digeste, fragment de Scévola); malheureusement ce texte est assez obscur pour que plusieurs systèmes aient dû être proposés sur son interprétation. Toutefois cette controverse ne porte pas sur la pensée générale du jurisconsulte ; aussi serions-nous bien tentés de nous contenter, comme le fait Émérigon, de donner cette pensée générale que cet auteur exprime en ces termes : « La loi 5 est très-obscure ; le texte en est sans doute corrompu. Cependant on doit en inférer qu'en matière de contrats aléatoires ce qu'on reçoit au-delà du principal est le prix du danger couru ; *periculi pretium est*. Et qu'en pareil cas le simple pacte non revêtu de la stipulation suffit pour augmenter l'obligation. » L'importance de cette loi nous engage pourtant à examiner les principales opinions qui se sont produites à son sujet ; elles se divisent tout naturellement en deux classes selon que leurs auteurs respectent ou non le texte de cette loi qui nous est fourni par le *Corpus juris*, et que nous allons transcrire.

Loi 5. — Scœvola, lib. 6 Responsorum. « *Periculi pretium est, et si conditione quamvis pœnali non exsistente recepturus sis quod dederis, et insuper aliquid præter pecuniam, si modo in aleæ speciem non cadat : veluti ea, ex quibus conditiones nasci solent, ut si manumittas, si non illud facias, si non convaluero, et cætera. Nec dubitabis, si piscatori erogaturo in apparatum plurimum pecuniæ dederim, ut si cœpisset, redderet : et athletæ, unde se exhiberet, exerceretque, ut si vicisset, redderet. — § 1. In his autem omnibus et pactum sine stipulatione ad augendam obligationem prodest.* »

Parmi les systèmes d'explication qui s'attachent à ce texte, nous allons examiner celui de Donneau et celui de M. Pardessus. Donneau pense que Scévola se pose la question suivante : Doit-on admettre qu'on pourra récla-

mer quelque chose en outre de la somme prêtée, quoiqu'il n'y ait clause pénale que sous-entendue ? Et le
jurisconsulte répond qu'on pourra réclamer un surplus,
qu'on regardera comme prix du péril couru par le créancier, toutes les fois que la restitution de l'argent prêté
sera subordonnée à une condition soit positive soit négative, de telle sorte que si cette condition se réalise il
y ait restitution, tandis que si la condition inverse, soit
négative, soit positive, vient à s'accomplir, le débiteur
sera libéré. Cette règle ne s'appliquera pourtant pas si le
contrat devient aléatoire, car un pareil contrat ne peut
faire naître aucune action. Il faut donc pour qu'elle
s'applique que la condition naisse de la nature même du
contrat; la loi 5 nous fournit des exemples de pareilles
conditions : *ut si manumittas, si non illud facias, si non
convaluero*. Ce sont tous là des contrats *do ut facias* auxquels le jurisconsulte ajoute dans la dernière phrase des
contrats sur lesquels ne peut s'élever aucune difficulté.

Ce système est admis par Bynkerschœk, sauf une légère variante ; au lieu de: *si non convaluero*, il lit : *non
si convaluero*, et pense que Scévola dans les deux premiers exemples : *si non manumittas, si non illud facias*,
vise des cas où il n'y a pas *d'alea* prohibée et dans le
troisième : *si convaluero*, un cas où cette *alea* existe au
contraire.

Pour nous, il nous est impossible de nous ranger à ce
système malgré l'avantage qu'il a de n'exiger dans le
texte aucune correction; il nous paraît en effet en désaccord complet avec la théorie des contrats innommés
do ut facias. Dans ces contrats, en effet, celui qui a fait
la *datio* peut, soit les faire exécuter par l'action *præs-*

criptis verbis, soit renoncer à leur exécution et intenter une *condictio : causa data, causa non secuta*. Mais cette *condictio*, basée sur l'idée d'empêcher un enrichissement injuste du défendeur, ne peut évidemment pas avoir d'autre effet que celui de faire restituer au demandeur ce qu'il a transféré par une *datio* devenue *sine causâ* par suite de l'inexécution du contrat. Et qu'on ne dise pas que ce créancier pourra réclamer quelque chose en sus de la somme par lui fournie, parce que ce sera là une compensation du péril qu'il a couru de n'être pas payé ; ce péril n'existe pas puisque les deux actions qui lui appartiennent lui permettent, soit d'obtenir l'exécution du contrat, soit tout au moins de rentrer en possession de la chose qu'il a livrée, et que Donneau lui-même exige pour qu'il y ait péril couru et par suite prix du péril, qu'il y ait dans le contrat une condition, soit négative soit positive, dont l'accomplissement libère le débiteur, c'est-à-dire qu'il y ait pour le créancier un péril réel de ne point rentrer dans ses déboursés. Du reste il suffit pour se convaincre de la vérité de cette remarque, de comparer ces contrats *do ut facias* avec ceux que nous cite le jurisconsulte à la fin du texte ; dans les cas de prêts faits à un pêcheur ou à un athlète, le créancier consent à perdre son argent si la pêche ou la lutte ne tourne pas à l'avantage de son emprunteur, il y a bien là un risque couru par le prêteur et l'on comprend fort bien qu'il réclame un bénéfice en cas d'heureux résultat, mais rien de pareil ne se rencontre dans les contrats *do ut facias*.

En résumé le système de Donneau viole manifestement les principes élémentaires reçus en matière de

contrats innommés, et méconnaît complétement la nature de la *condictio : causa data, causa non secuta*, en
lui faisant comprendre la réclamation non-seulement
de la chose fournie par le demandeur, mais encore celle
d'un *aliquid insuper* regardé comme compensation d'un
péril purement imaginaire. Scévola n'a certainement pas
pu enseigner une pareille doctrine ; aussi rejetons-nous
sans hésiter le système de son illustre commentateur.

Quant à M. Pardessus, il propose l'explication suivante. « Il n'est pas douteux qu'on ne puisse dans tout
contrat stipuler quelque chose *insuper pecuniam* à
titre de peine frappant le débiteur, en cas de retard dans
le payement. Mais en ce cas la somme ainsi stipulée
représente une indemnité et non le prix d'un risque
couru. Il y a au contraire certains contrats où l'on peut
stipuler une somme supérieure à celle qu'on a fournie
sans que ce surplus ait un caractère pénal. Il faut
pour cela que ce surplus puisse être regardé comme
prix du péril, ce qui arrivera non pas lorsque le droit du
créancier sera soumis à une sorte d'incertitude (*in aleæ
speciem*), comme cela a lieu dans les conventions d'où
naissent des conditions citées par Scévola dans la première phrase de notre loi, mais bien lorsqu'il y aura eu
pour le créancier un véritable risque, comme il arrive
dans les exemples que nous fournit la seconde phrase. »

Nous n'adopterons pas ce système pour deux raisons
que nous allons brièvement exposer. La première est
que le sens qu'il prête au mot *alea*, nous paraît contraire à la signification donnée en général à ce mot par
les jurisconsultes romains, qui s'en servent pour désigner non-seulement un événement dépendant du hasard

mais même d'un hasard qui empêche le contrat de produire une action ; dans ce système au contraire on prend ce mot comme désignant une incertitude pouvant résulter de la volonté même du débiteur. La seconde raison est qu'il nous est impossible de comprendre comment des conditions peuvent naître d'un contrat. Ajoutons que ce système nous paraît rendre un compte assez inexact des termes de notre texte.

Arrivons maintenant aux systèmes qui n'expliquent la loi 5 qu'en faisant subir des modifications à son texte, tel que le fournit le *Corpus juris*; parmi tous ceux qui ont été proposés, nous ne nous occuperons que de celui de Saumaise et de celui de Cujas.

Le premier supprime la négation avant le mot : *cadat*; notre loi signifie alors qu'on peut stipuler *aliquid insuper pecuniam*, bien qu'il n'y ait pas de clause pénale, pourvu que le contrat renferme pour condition un événement incertain formant *alea* pour le créancier. Saumaise reconnaissant qu'il y a *alea* toutes les fois que le contrat est conditionnel, et par exemple lorsqu'il dit : *si manumittas, si non illud facias*, son système viole comme celui de Donneau les principes des contrats innommés.

Exposons enfin le système de Cujas, auquel nous croyons devoir nous ranger, et examinons d'abord les modifications nombreuses qu'il fait subir au texte, tel que nous l'avons transcrit ci-dessus. Cujas transpose la négation du mot *exsistente*, sur le mot *pœnali*, il lit : *in aliam speciem*, au lieu de : *in aleæ speciem*, et *condictiones* au lieu de *conditiones*.

Dans ce système on doit donc lire notre loi ainsi qu'il suit : « *Periculi pretium est, et si conditione quamvis non pœnali exsistente recepturus sis quod dederis et insuper aliquid præter pecuniam, si modo in aliam speciem non cadat : veluti ea, ex quibus condictiones nasci solent, ut si manumittas…..* » Le reste de la loi ne subit aucun changement. Son sens est alors le suivant. On peut stipuler quelque chose en sus de la somme prêtée quoiqu'il n'y ait pas de clause pénale et comme indemnité du risque couru par le créancier par suite de la condition apposée au contrat. Mais il faut pour cela que la convention intervenue ne tombe pas dans une autre classe de contrats, c'est-à-dire dans la classe des contrats *do ut facias* dont Scévola nous donne des exemples dans la première phrase. La seconde phrase du texte nous fournit au contraire des cas où il y a péril pour le créancier.

Ce système est en parfait accord avec la théorie générale des contrats *do ut facias* et de la *condictio : causa data, causa non secuta ;* de plus il ne peut fournir aucune des objections que nous avons faites aux précédents systèmes ; il ne nous reste donc plus qu'à justifier les changements qu'il fait subir au texte.

Et d'abord quant à la transposition de la négation, nous l'admettons sans difficulté parce qu'il ne peut pas, selon nous, être question dans notre texte de condition pénale même sous entendue puisqu'il n'y est pas parlé de délai. Il en est de même pour le changement du mot *conditiones* en *condictiones*. En effet l'idée d'une condition naissant d'un contrat ne nous paraît pas admissible, nous l'avons dit, tandis que les exemples cités par Scévola constituent bien des contrats garantis par une *condictio*.

L'objection la plus grave selon nous, est le sens donné au mot *speciem* dans ce système ; on ne peut en effet nier que cette expression désigne en général un corps certain et non un genre ou une espèce. Mais cette objection perd beaucoup de sa force si l'on remarque que ce mot est employé par le même Scévola dans la loi 17, *De usu*, etc., D., 33, 2, dans l'acception que lui donne ici Cujas.

Nous conclurons donc de cette longue discussion que Scévola, dans la loi 5, nous dit que le créancier pourra dans certains cas stipuler, en dehors de ce qu'il a prêté, une somme destinée à l'indemniser du péril par lui couru de perdre son capital. Cela sera possible toutes les fois que nous trouverons comme dans le prêt maritime, une condition fortuité et casuelle de l'accomplissement de laquelle dépendra le sort de l'argent prêté.

Dans ces contrats, comme dans le prêt maritime, cet excédant sera considéré comme le prix du risque dont s'est chargé le créancier, aussi le paragraphe premier de notre loi nous dit-il que ce prix sera dû, comme en matière de *nauticum fœnus*, par suite d'un simple pacte, sans qu'il y ait besoin comme pour les intérêts ordinaires de recourir à une stipulation pour fournir au créancier une action. La *condictio* née du contrat comprendra le *periculi pretium* comme le remboursement du capital.

DROIT FRANÇAIS.

DU DÉLAISSEMENT.

CHAPITRE Ier.

NOTIONS PRÉLIMINAIRES.

L'assurance maritime est un contrat par lequel un particulier ou une compagnie promet à celui qui a un intérêt dans un vaisseau ou dans son chargement, de le garantir de toutes les pertes et détériorations qui arriveront par cas fortuit ou fortune de mer au navire ou au chargement, pendant le voyage et durant le temps du risque, moyennant une somme qui doit lui être payée par l'assuré (Valin).

Pour faire ressortir toute l'importance de ce contrat, il nous suffira de dire avec Estrangin, qu'il est : le soutien du commerce maritime, de ce commerce source abondante de prospérité privée et publique pour les États où il fleurit, et médiateur des nations qui, rapprochées par lui, se donnent en quelque sorte la main d'un bout du monde à l'autre. L'exposé des motifs du Code de commerce ne rend pas de l'utilité du contrat d'assurance un moins éclatant témoignage.

C'est ce contrat que nous nous proposons d'étudier, toutefois comme l'examen complet de toutes les règles qui le régissent eut dépassé de beaucoup les limites que nous devions assigner à ce travail, nous nous bornerons à étudier celles qui sont relatives au délaissement, après avoir posé quelques principes généraux de la matière.

Les règles de l'assurance maritime, qui n'était pas connue des Romains, du moins comme contrat distinct, se sont développées peu à peu par l'effet de la pratique et de l'expérience, et ce n'est guère qu'au xive siècle que nous en trouvons des traces législatives.

Au point de vue de sa nature, le contrat d'assurance est synallagmatique, conditionnel, aléatoire et du droit des gens. Il est synallagmatique en ce sens que la police, une fois signée, crée entre les parties des obligations réciproques qui consistent, principalement, pour l'assuré à payer la prime convenue et pour l'assureur à l'indemniser de tout dommage survenu aux objets assurés pendant le voyage par fortune de mer, obligations qui ne peuvent cesser par la volonté d'un seul des contractants. Ainsi l'assuré n'a pas le droit de renoncer à la garantie qu'il a stipulée pour donner le risque à un autre assureur sans le consentement du premier, quoi qu'il puisse toujours se faire garantir la solvabilité de celui-ci. De son côté, l'assureur ne peut se décharger du risque qu'il a assumé; s'il se fait garantir contre les conséquences de son contrat par une réassurance, il n'en restera pas moins tenu envers l'assuré.

Il est conditionnel, nous dit Emérigon, sous deux points de vue; car : 1° il s'évanouit si avant que le risque ait commencé le voyage est rompu même par le fait de l'assuré; 2° les assureurs ne sont tenus de payer les sommes assurées que dans les cas de pertes ou d'avaries causées par fortune de mer.

Il est aléatoire puisque le prix que l'une des parties reçoit n'est pas l'équivalent de la chose qu'elle donne, mais celui du risque dont elle se charge : chacune des parties peut donc retirer un avantage du contrat. Certains auteurs l'ont contesté, par ce motif que l'assuré ne verra jamais sa fortune augmentée, puisque l'indemnité qu'il touchera en cas de perte ou d'avarie ne sera jamais que la représentation de l'objet qu'il aura perdu. Cet argument tombe devant cette remarque que, pour examiner si l'assuré retire un avantage du contrat, il faut comparer la situation que ce contrat lui fait en cas de perte ou d'avarie non pas avec celle où il se trouvait avant le voyage, mais avec celle où il se trouverait s'il ne se fût pas fait assurer.

Nous avons ajouté que le contrat d'assurance est du droit des gens, en effet les règles qui le régissent ont été puisées en général dans le droit naturel.

Sans parler du consentement des parties, trois choses sont de l'essence de notre contrat : une chose assurée;

des risques auxquels elle soit exposée ; une somme convenue en compensation de ces risques. Du reste toute la matière est dominée par deux idées fondamentales : la première c'est que la bonne foi la plus scrupuleuse doit être apportée par les parties ; la seconde c'est que dans aucun cas l'assurance ne peut devenir pour l'assuré un moyen d'acquérir : tout ce qu'il doit y trouver, c'est une indemnité égale au préjudice qu'il a souffert.

Ces quelques principes posés, nous supposerons qu'un contrat d'assurance a été consenti avec toutes les conditions de validité nécessaires, et sans nous arrêter aux obligations qu'il crée pour l'assuré nous examinerons quel sera son effet à l'égard de l'assureur.

Il résulte de la nature même de notre contrat et de la seconde idée fondamentale que nous venons d'énoncer que l'obligation de l'assureur se réduit à indemniser l'assuré de tous les dommages qu'ont pu lui causer les événements contre lesquels l'assurance avait pour but de le garantir. Il paraît suffire pour que cette indemnité soit complète que l'assuré reçoive une somme d'argent représentative des détériorations qu'a pu subir sa chose ou des frais extraordinaires qui ont pu la grever par suite de fortune de mer. C'est en effet ce qui arrivera le plus souvent, et l'assuré obtiendra le payement de cette somme par une action dite d'avarie qui est le mode de recours ordinaire en notre matière.

Mais il peut arriver que le dommage survenu à l'objet assuré soit si considérable que la valeur entière de cet objet soit la seule indemnité suffisante ; c'est ce qui aura lieu par exemple s'il y a eu perte totale ou presque totale. En ce cas toutefois, comme il ne faut pas que le contrat devienne pour lui un moyen d'augmenter sa fortune, l'assuré devra abandonner à l'assureur qui le désintéresse tout ce qui peut rester de l'objet assuré. Il y aura donc transport forcé de propriété sur la tête de l'assureur, qui, au lieu d'être simplement tenu de réparer le dommage, seule obligation qui résulte pour lui naturellement du contrat, deviendra malgré lui propriétaire d'objets dont il ne voulait être que garant. Pour obtenir la valeur entière de sa chose en en transférant la propriété à l'assureur l'assuré devra intenter non pas une action d'avarie qui, nous l'avons dit, ne lui procurerait qu'une indemnité, mais une action dite en délaissement qui diffère de la précédente en ce qu'elle a pour effet de forcer l'assureur à payer la somme qu'il a garantie, sauf renonciation de l'assuré à son droit de propriété sur l'objet délaissé.

Le droit d'intenter cette action quoiqu'exorbitant a été donné à l'assuré, parce que non-seulement il est quelquefois le seul moyen pour lui d'obtenir une indemnité complète, mais encore il évite une foule de procès que ferait naître l'évaluation des débris arrachés au désastre, évaluation que l'action d'avarie rendrait nécessaire puisqu'il faudrait en apprécier la détérioration. C'est ce droit de délaisser qui fera l'objet spécial de notre étude et dont nous allons aborder l'examen.

CHAPITRE II.

DU DÉLAISSEMENT EN GÉNÉRAL.

Le *Guidon de la mer* le définit ainsi : on nomme délais ou délaissement l'acte par lequel l'assuré quitte et délaisse aux assureurs les droits, noms, raisons et actions de propriété qu'il a en la chose assurée. On peut dire aussi que le délaissement est l'acte par lequel l'assuré, dans certains cas déterminés par la loi, abandonne à l'assureur la propriété des objets assurés et réclame la somme convenue dans l'assurance. Dans le langage usuel on emploie le mot *abandon* comme synonyme du mot *délaissement*; le Code, au contraire, avec autant de soin que de raison, évite de se servir dans notre titre du mot abandon, car ces deux mots désignent deux actes bien différents. Nous venons de voir ce qu'est le délaissement; quant à l'abandon, c'est le droit que l'art. 216 accorde aux armateurs de se libérer des obligations résultant des faits du capitaine de leurs navires et des engagements qu'il a contractés, en abandonnant aux créanciers leurs droits sur le navire et le fret. Ces deux expressions de la loi correspondent donc à deux droits parfaitement distincts; il faut se garder de les employer l'une pour l'autre, si l'on ne veut courir le risque de tomber dans une fâcheuse équivoque.

L'origine des règles sur le délaissement doit se trouver dans des clauses spéciales qui intervenaient entre les parties pour stipuler que dans certains cas déterminés l'assureur, au lieu d'indemniser simplement l'assuré du dommage souffert, devrait lui payer toute la somme garantie, sous la condition que l'assuré renoncerait à tous ses droits sur l'objet qu'on lui aurait ainsi payé. L'utilité de ces clauses dut les rendre de style, mais l'on dut en même temps les soumettre à certaines règles d'autant plus nécessaires que si la faculté de délaisser peut être accordée à l'assuré, elle doit surtout, à cause de son caractère exorbitant, être sévèrement restreinte, ainsi que nous le verrons, à certains cas bien définis. Ce sont ces règles fixées par la pratique et sanctionnées par l'expérience qui ont été probablement transformées avec le temps en dispositions législatives.

Le délaissement présente d'abord à l'esprit l'idée d'une chose existant en tout ou en partie ou du moins l'idée d'une chose dont l'existence est douteuse; mais c'est une idée à laquelle il ne faut pas s'arrêter. Toutes les fois que l'assuré réclamera la valeur entière de l'objet assuré, il devra, alors même que cet objet est totalement perdu, en délaisser la propriété aux assureurs. Cette formalité ne sera pas inutile même en ce cas, car on ne peut jamais être certain d'avance qu'elle n'aura pas d'avantages pour l'assureur; il peut, en effet, se faire que, longtemps après le sinistre, on retrouve des débris, ou bien que l'assuré ait droit à certaines actions nées à son profit à l'occasion des objets assurés.

Le droit qu'a l'assuré de faire le délaissement n'exclut pas pour lui la faculté de réclamer une indemnité par l'action d'avarie, voie de recours essentielle de notre contrat. Il peut avoir à le faire un fort grand intérêt. Supposons, en effet, un échouement avec bris; cet événement, ainsi que nous le verrons, donne ouverture au délaissement non-seulement du navire mais encore de son chargement, qui n'a peut-être que fort peu souffert. Le propriétaire des marchandises qui le composent trouvera probablement un grand profit à se faire indemniser de la détérioration qu'elles ont subie et à les vendre au lieu de l'échouement, car le prix qu'il en retirera, joint à l'indemnité que lui procurera l'action d'avarie, sera plus élevé que la somme assurée puisqu'on n'a pu la calculer que sur la valeur des objets au lieu d'embarquement. Mais l'assuré ne pourra évidemment pas cumuler l'action d'avarie et celle en délaissement, il n'a qu'un simple droit d'option qui résulte des mots : *peut être fait*, de l'art. 369 et du texte de l'art. 409. On peut se demander si le choix, une fois fait, est irrévocable, ou si l'assuré peut abandonner l'action qu'il a intentée d'abord pour recourir à celle qu'il avait négligée, jusqu'à ce qu'un jugement ou l'accord des parties ait définitivement fixé son droit. La cour de Rennes, par un arrêt du 26 juillet 1819, s'est rangée au premier système en se fondant sur ce que l'ordre et la tranquillité publique ne peuvent permettre de reproduire la même action sous différentes faces, lorsque, pouvant l'intenter à divers titres, on a consommé son option. Nous ne pouvons partager cet avis ; l'irrévocabilité qu'il admet nous paraît peu équitable et peu conforme à la loi. Elle nous paraît peu équitable, parce que l'assuré se trouverait lié par le fait seul de son option, tandis que l'assureur resterait libre d'admettre ou non le mode d'action de l'assuré jusqu'à ce que l'accord des parties ou un jugement définitif eût repoussé le délaissement ou l'eût rendu irrévocable. Pourquoi placer les parties dans une position si différente? Il est bien plus conforme à l'équité de décider qu'aucune d'elles ne sera tenue avant que le concours de leurs volontés ou une décision judiciaire ne les ait liées l'une envers l'autre. Quant à la loi, nous verrons sur l'art. 385 que le Conseil d'État en a modifié le texte pour établir que le délaissement n'existe que du jour où les parties pourront mutuellement se contraindre à en subir les effets. Cette modification nous semble ne laisser aucun doute sur la pensée des rédacteurs du Code quant à la question qui nous occupe. Même dans notre système, le fait de choisir une des actions qui lui sont ouvertes aura pour l'assuré de graves conséquences, car dès lors l'assureur pourra, en acquiesçant à sa demande, le forcer à s'en tenir à sa première action.

Aussi, tout en admettant que l'exercice de son option peut résulter pour l'assuré non-seulement de l'expression formelle de sa volonté mais encore d'autres circonstances, pensons-nous que, comme l'action en délaissement est en général plus favorable à l'assuré, on ne doit pas admettre facilement qu'il l'a abandonnée pour agir en avarie. On ne devra par conséquent admettre cette renonciation tacite que si l'acte qui paraît impliquer de la part de l'assuré la volonté de ne pas délaisser ne peut pas recevoir d'autre explication raisonnable. L'application de cette règle ayant donné lieu à de nombreuses décisions judiciaires, nous allons en examiner quelques-unes pour mieux déterminer la portée du principe. Le tribunal de commerce de Marseille a jugé par exemple (27 octobre 1829), que le fait par l'assuré d'avoir passé avec l'assureur un compromis donnant pouvoir à des arbitres de régler les avaries souflertes par le navire n'implique pas renonciation au droit de délaisser, lorsqu'au moment du compromis cet assuré ne savait pas que l'événement était de nature à lui donner ce droit, puisque ce droit ne lui a été révélé que par les opérations mêmes des arbitres.

Ce même tribunal a décidé (14 mai 1824) que cette renonciation ne résultait pas non plus de ce fait que l'assuré avait, après le sinistre, reçu sans protestations ni réserves les effets sauvés et les avait fait vendre aux enchères pour compte de qui de droit, sans faire ni ordonner cette vente en justice ni constater par un officier public l'identité, l'état et la quantité de ces objets sauvés. Il s'est fondé sur ce motif que les fins de non recevoir sont de droit étroit, et que le Code n'en établit pas dans le cas où l'assuré, connaissant le sinistre, reçoit sans protestation les objets sauvés. Son silence sur ce point est fort raisonnable, ajoute le jugement, parce que ce n'est que par suite d'un mandat légal et forcé que l'assuré consent à cette réception. Cette décision nous paraît fort discutable, car nous ne pouvons trouver dans la loi aucune trace de ce prétendu mandat forcé ; bien au contraire, la loi semble investir d'un mandat au profit des assureurs le capitaine seul qui, en pareil cas, eût dû consigner la marchandise à une personne désignée sur sa demande par l'autorité compétente, ou en faire opérer la vente : on ne peut donc, ce nous semble, regarder le fait de l'assuré qui a reçu les objets sauvés que comme un acte de propriétaire impliquant de sa part la volonté de ne pas délaisser. Cette présomption ne pourrait tomber tout au plus que devant une protestation formelle de l'assuré, qui n'existait pas dans l'espèce. Ajoutons que la doctrine que nous combattons serait encore plus difficile à admettre si, au lieu de raisonner sur un délaissement résultant d'une prise, comme dans l'espèce soumise au tribunal, nous nous placions dans une hypothèse de délaissement pour détérioration des trois quarts. En effet, comment établir la cause réelle de la détérioration, base du délaissement, en l'absence d'une expertise préalable faite dans les formes voulues par la loi? Aussi croyons-nous que, surtout dans ce dernier cas, il est impossible de ne pas regarder la vente des objets sauvés opérée pas l'assuré, sans constatation préalable de leur état, comme emportant de sa part renonciation au droit de délaisser.

On peut encore citer sur ce point un arrêt de la Cour de Rouen (25 juillet 1840), d'après lequel l'intention de ne pas délaisser ne résulte pas de ce que l'assuré a consenti, d'accord avec ses assureurs, à procéder amiablement devant des arbitres à un règlement d'avaries, si ces arbitres n'ont eu à vider que des questions pendantes entre l'assuré et le capitaine, et si l'approbation des assureurs à leur nomination a été faite sans réserves ni restrictions.

Non seulement la possibilité de délaisser n'enlève pas à l'assuré le droit de recourir à la voie ordinaire de l'action en avarie, ainsi que nous venons de le voir, mais encore il peut arriver que cette dernière action ne lui soit ouverte que s'il se trouve dans un cas où le délaissement serait possible. Il suffit pour cela que la police d'assurance contienne la clause : *franc d'avaries*, c'est-à-dire la clause par laquelle l'assureur déclare ne garantir que les sinistres majeurs. L'art. 409 décide que si un de ces sinistres s'est produit, et, par suite, s'il y a lieu à délaisser, l'assuré pourra renoncer à ce droit pour agir en avarie.

CHAPITRE III.

DES CAS DANS LESQUELS LE DÉLAISSEMENT EST POSSIBLE.

De tout ce que nous avons dit sur la nature du délaissement, il résulte que c'est une voie exorbitante et qui ne peut former le droit commun; c'est, comme le dit le *Guidon de la mer*, un remède extrême. Comme d'ailleurs cette action est pour l'assureur bien plus onéreuse que l'action d'avarie, voie de recours qui naît naturellement du contrat, il était à craindre que les deux parties ne fussent souvent en désaccord sur l'action à employer. Notre Code de commerce a voulu avec raison éviter ce conflit, en énumérant, dans les art. 369 et 375, quels étaient les faits qui légitimeraient l'emploi par l'assuré de ce mode de recours tout exceptionnel. C'est ce qu'avait déjà fait l'ordonnance de 1681 sur la marine, dont les dispositions sur ce point présentaient toutefois avec nos articles quelques différences que nous aurons à signaler.

Et d'abord, l'art. 43 de cette ordonnance, au titre *des Assurances*, disait que : « Le délaissement ne peut être fait que... » Bien que l'art. 369 du Code n'ait pas employé cette formule restrictive, il ne faut pas hésiter à reconnaître que son énumération, comme celle de l'ordonnance, est limitative, et que le délaissement sera impossible en dehors des cas qu'elle contient. C'est ce qui résulte évidemment de l'art. 371, qui dit que tous les autres dommages seront réputés avaries et, par suite, ne donneront ouverture qu'à une action d'avarie. Mais faut-il admettre l'assuré à délaisser dans tous les cas prévus par la loi sans se préoccuper du montant de la perte qu'il a éprouvée? De vives controverses s'élevaient à ce sujet sous l'empire de l'ordonnance de 1681, et nous voyons Valin, l'un de ses plus savants commentateurs, soutenir que l'assuré, même dans ces cas, devra prouver qu'il a subi une perte totale ou presque totale. Son avis, qui du reste ne prévalut pas de son temps, n'est plus soutenable aujourd'hui, car la loi ne parle en aucune façon de la nécessité de cette preuve dans l'énumération qu'elle nous donne des cas de délaissement, et qui serait inutile dans l'opinion de Valin, car il faudrait dire qu'il n'y a que la perte totale, ou presque totale, qui puisse donner ouverture à la faculté de délaisser. Cela est d'autant plus incontestable, que la loi a fait de la perte ou détérioration des trois quarts un cas spécial de délaissement tout à fait incompatible avec l'opinion de Valin.

On peut du reste ajouter avec Emérigon que la possibilité de délaisser, quelle que soit la perte occasionnée par le sinistre, toutes les fois que l'on se trouve dans une des hypothèses prévues par la loi, n'a rien de contraire au principe que l'assureur n'est tenu de payer la somme assurée tout entière que lorsqu'il y a perte totale ou presque totale : il suffit pour cela de reconnaître deux espèces de pertes, l'une matérielle et réelle, l'autre légale. Cette dernière se présentera dans tous les cas que la loi présume avoir entraîné la perte effective des objets assurés : cette présomption, qui n'admettra pas la preuve contraire, se justifie par le désir d'éviter les difficultés interminables et les frais qu'entraînerait l'évaluation du dommage effectif causé par chaque accident.

Le délaissement est possible, d'après la loi, dans sept cas, qui sont prévus par les art. 369 et 375. Il peut être fait : en cas de prise, de naufrage, d'échouement avec bris, d'innavigabilité par fortune de mer, d'arrêt de prince, de perte ou de détérioration des effets assurés, si la détérioration ou la perte va au moins à trois quarts (art. 369), et pour défaut de nouvelles (art. 375).

La présomption de perte que font naître ces sinistres, que l'on nomme majeurs, s'applique au navire et aux marchandises, de telle sorte que si le navire naufrage ou échoue avec bris, la cargaison peut être délaissée, quel que soit son état. Il faut toutefois excepter de cette règle la perte des trois quarts, qui s'évalue séparément sur le corps et les facultés, et l'innavigabilité, qui n'est réputée un cas de perte pour la cargaison que si le capitaine ne peut la rembarquer sur un autre navire dans le délai légal.

§ 1er. — *Prise.*

On dit en général qu'il y a prise, lorsqu'un navire est enlevé de vive force pendant sa navigation, sans qu'il y ait lieu de distinguer si la prise est légale, comme celle que fait un navire ennemi, ou contraire au droit des gens, comme l'acte d'un pirate. Dans l'un comme dans l'autre cas le délaissement est possible, puisque l'assuré se trouve privé de sa propriété. Mais ici se présente une question fort grave : il peut arriver que le navire capturé soit rendu à son propriétaire, et, par exemple, qu'il soit racheté, rescous, repris par son équipage ou relâché par son capteur; de ce fait postérieur, qui fait revenir à l'assuré la propriété de sa chose, résulte-t-il que le délaissement devienne impossible, ou bien doit-on décider que le droit de délaisser s'étant ouvert pour l'assuré par le fait de la prise, il ne peut plus lui être enlevé? Sous l'ordonnance de 1681, la jurisprudence, approuvée par Valin et Pothier, adoptait le second système, mais Émérigon semble ne s'y ranger qu'à regret. La même controverse subsiste de nos jours, et nous voyons MM. Pardessus et Delvincourt décider que le droit de délaisser sera perdu pour l'assuré en cas de prise, si la notification du délaissement n'a pas été faite par lui avant le moment où il rentre dans sa propriété. Le premier de ces auteurs n'invoque aucun argument à l'appui de son opinion, mais M. Delvincourt se fonde d'abord sur ce que, d'après l'art. 385, il n'y a nécessité pour l'assureur de payer la somme assurée que si le retour du navire n'a lieu qu'après la signification du délaissement. Il arguë ensuite de ce que l'assureur, en cas de rachat, peut empêcher le délaissement en se chargeant de payer la composition. (Art. 396.)

Nous n'hésitons pas à rejeter ce système, qui est, selon nous, tout à fait contraire au texte de l'art. 369, qui permet de délaisser, sans distinction, toutes les fois qu'il y a prise; et ce qui montre bien que la pensée de la loi a été de poser une règle générale, c'est qu'elle prend soin d'y déroger formellement dans l'art. 396, dont on doit arguer, non pas *a pari*, comme le fait le système opposé, mais *a contrario*, avec d'autant plus de raison que nous verrons en étudiant ce dernier article, qu'il y avait dans le cas qu'il prévoit, des raisons de décider toutes spéciales. Quant à l'argument tiré de l'art. 385, il n'a aucune valeur, car il est certain que si la loi parle de retour postérieur au délaissement, ce n'est pas pour faire de cette circonstance une condition essentielle du délaissement, mais parce que ce sera le cas le plus fréquent. Le seul but de cet article étant d'ailleurs de déclarer que le retour du navire ne rescinderait pas le transfert antérieur de propriété opéré par le délaissement au profit de l'assureur, il n'avait pas à s'occuper du cas où ce retour précéderait ce transfert de propriété. En outre, le délaissement ayant un effet rétroactif, à quelque époque qu'il soit fait l'assureur sera censé avoir succédé aux droits de l'assuré sur les objets capturés, à dater du jour de la prise. C'est donc pour son compte et dans son intérêt que s'est réalisée la remise en liberté du navire qui est un véritable sauvetage.

Aucune difficulté ne serait possible si cette remise en liberté du navire n'avait eu lieu qu'après la signification du délaissement. Comme l'on se trouverait alors dans les termes mêmes de l'art. 385, la propriété reviendrait à l'assureur, qui serait seulement tenu des frais faits pour la recouvrer.

Ajoutons que le mot *prise* a dans l'art. 369 une signification plus étendue que dans le langage ordinaire, car il faut l'entendre en ce sens que le délaissement est possible par cela seul que le navire est détourné de sa route et empêché d'arriver à sa destination. C'est pour cela que le tribunal de Marseille a appliqué notre article à un navire qui avait été saisi en pleine mer parce qu'on le soupçonnait chargé d'objets de contrebande. (19 septembre 1825.)

§ 2. *Naufrage et échouement avec bris.*

Il y a naufrage lorsque par suite de l'agitation des eaux, de la violence des vents ou de tout autre accident, un navire s'abîme dans les flots; il y a échouement lorsque le navire donne sur un bas fond, et bris lorsqu'il est endommagé par ce choc. L'ordonnance de 1681 avait fait de l'échouement et du bris deux causes distinctes de délaissement, aussi la jurisprudence en avait-elle conclu que le délaissement était possible, dès que le navire avait échoué, même s'il avait été relevé, pourvu que ce ne fût pas à l'aide des seules forces de son équipage. C'était là un abus contre lequel s'élevèrent des plaintes nombreuses, aussi la déclaration de 1779 vint-elle décider que l'échouement devait être suivi de bris pour donner ouverture au délaissement. Cette théorie a été consacrée par le Code.

Le naufrage et l'échouement permettent de délaisser non seulement le navire mais même la cargaison, bien qu'elle n'ait pas subi une perte des trois quarts. Ce principe est fort utile pour l'assureur, car s'il n'existait pas, l'assuré pourrait négliger le sauvetage afin de se conserver le droit si avantageux de délaisser. On a pourtant voulu contester son application au cas où l'assurance des facultés est distincte de celle du corps; mais ce système a été formellement repoussé par la Cour de Cassation (28 juin 1826; 29 décembre 1840), et l'on s'accorde aujourd'hui à reconnaître qu'en cas d'échouement avec bris le sort de l'assurance sur facultés, sera, quant au délaissement, le même que celui de l'assurance sur corps, c'est-à-dire qu'on pourra, si le navire est échoué et brisé, délaisser la cargaison quel que soit son état et sans distinguer, comme on le fait en cas d'innavigabilité ordinaire, si on a pu la recharger sur un autre navire. La raison en est que l'art. 369 attache à l'échouement avec bris une présomption de perte sans distinguer le corps des facultés. Émérigon justifiait ce principe par cette considération que le plus souvent on fait les marchandises seront en ce cas fort détériorées, et par l'utilité qu'il présente d'éviter de nombreux procès. Que si le navire n'a pas été assuré, on ne devra néanmoins admettre la possibilité de délaisser les marchandises qui le sont que si le navire eût pu être aussi délaissé en le supposant assuré. Toutefois, si l'avarie des marchandises atteint les trois quarts, elles pourront être délaissées quel que soit le sort du navire; mais cette faculté découlera en ce cas, non de l'échouement, mais de l'importance des dommages.

La seule difficulté à résoudre sera donc celle de savoir si l'on doit admettre la possibilité de délaisser le corps du navire; mais elle sera fort grave, car on est loin d'être d'accord sur la manière dont il faut combiner les articles 369 et 389 pour déterminer quelle gravité doivent avoir les dégâts causés par l'échouement pour qu'on puisse dire qu'il y a bris.

Nous croyons cependant qu'on peut, des arrêts divers rendus sur ce point, dégager les deux règles suivantes: 1° le bris n'a pas besoin d'être total pour autoriser le délaissement; 2° c'est aux tribunaux qu'il appartiendra de décider en fait s'il y a gravité de dommages suffisante, ce qui devra en général être admis lorsqu'une partie essentielle du navire aura été brisée.

Le premier de ces principes est vivement discuté, et la Cour de Paris (27 février 1841) l'a formellement repoussé en adoptant les motifs du jugement du tribunal de commerce qui lui était déféré. Il faut, avaient dit les premiers juges, rapprocher les uns des autres les cas prévus par l'art. 369 pour en rechercher l'esprit; or il est évident que, d'après l'art. 389, reproduction de la déclaration de 1779, le délaissement ne peut être fait pour cause d'innavigabilité, si le navire peut reprendre sa route à l'aide de réparations, il en doit donc être de même au cas d'échouement. Ils ajoutaient que l'art. 381, mettant l'échouement sur la même ligne que le naufrage, on doit supposer qu'il n'est admis que dans les mêmes cas comme cause de délaissement.

Ce système ne peut, selon nous, être admis, car si on l'adopte, l'échouement avec bris ne sera jamais une cause spéciale de délaissement, puisqu'on pourra toujours faire rentrer les cas où il s'appliquera dans ceux où l'on peut délaisser pour cause de naufrage ou d'innavigabilité. C'est là un résultat qui nous semble tout-à-fait contraire à l'art. 369, qui donne l'échouement avec bris, comme une cause bien distincte de délaissement à laquelle on ne peut appliquer l'art. 389, fait pour un autre cas. Quant à l'art. 381, s'il assimile, quant à leurs effets, le naufrage et l'échouement avec bris, on ne peut en conclure qu'ils soient produits par les mêmes événements. C'est du reste ce qu'ont admis plusieurs Cours, et celle de Paris elle-même a, le 27 août 1842, abandonné le système que nous combattons.

Quant au second principe, il résulte de cette considération que si le bris n'a pas besoin d'être total, comme nous venons de le voir, le délaissement est un acte trop grave pour qu'un dommage sans importance puisse l'autoriser. De nombreuses décisions sont intervenues en ce sens ; nous nous contenterons de citer un arrêt de la Cour de Bordeaux (1er avril 1844), qui exige pour que l'échouement rentre dans les termes de l'art. 369 , qu'il ait disjoint des parties essentielles. En vertu du principe que les tribunaux de commerce sont seuls appelés à reconnaître si un navire échoué peut être délaissé, il faut décider, comme l'a fait la Cour de Cassation (3 août 1821), que la faculté de délaisser ne saurait résulter d'un acte d'un commissaire de marine qui aurait ordonné la vente d'un navire échoué.

C'est pour éviter toutes ces difficultés d'appréciation du dommage que les polices françaises d'assurance stipulent, en général, que le délaissement ne pourra pas avoir lieu à moins qu'il n'y ait innavigabilité absolue, s'il s'agit du navire, ou perte des trois quarts s'il s'agit des facultés. Ajoutons que même en dehors de cette clause, aucune contestation ne serait possible si l'échouement avait causé au navire des avaries atteignant les trois quarts de sa valeur, puisque cette circonstance est à elle seule un motif suffisant de délaisser ; on peut en ce sens voir un arrêt de la Cour de Rouen, du 22 juin 1819.

§ 3. — *Innavigabilité.*

C'est l'état d'un navire qui ne peut plus tenir la mer,

soit que cet état provienne d'un accident, soit qu'il provienne de longues fatigues éprouvées dans la navigation. L'ordonnance de 1681 ne contenait aucune règle sur ce point ; aussi, en pratique, abusait-on de cette cause de délaissement en l'admettant dans le cas de simple échouement, bien que le navire eût été relevé et eût repris son voyage. Ce système donna lieu à de vives et justes réclamations des assureurs ; aussi la déclaration de 1779 vint-elle régler ce point. Mais elle n'apporta à l'abus qui s'était produit qu'un remède bien insuffisant, puisqu'en se contentant de dire que le délaissement ne pourrait avoir lieu pour innavigabilité toutes les fois que le navire relevé aurait continué sa route, elle remettait le sort de l'assurance entre les mains de l'assuré qui, pour conserver la faculté de délaisser, n'avait qu'à ne pas relever le navire, bien que le renflouement fût possible.

Quelque mauvaise que fût une pareille rédaction, le projet de Code l'avait admise et ce ne fut que sur l'avis des cours et tribunaux qu'on posa en principe que la possibilité de relever le navire suffirait à elle seule, et bien que l'assuré n'en eût pas profité, à lui enlever le droit de délaisser. Cette idée ressort de l'art. 389, qui a eu pour but de sauvegarder l'intérêt des assureurs.

L'innavigabilité est dite absolue lorsque l'impossibilité où l'on est de réparer le navire provient de l'état matériel où il se trouve, et relative, lorsqu'elle tient au contraire à cette circonstance qu'on ne peut dans le lieu où est le navire se procurer les ouvriers, l'argent ou les matériaux nécessaires.

Une règle commune à ces deux cas consiste en ce que l'innavigabilité ne peut donner ouverture au délaissement que si elle a pour cause une fortune de mer : provenant au contraire du vice propre de la chose elle reste à la charge de l'assuré.

Mais comment pourra-t-on déterminer la cause do l'innavigabilité sur laquelle se base le délaissement? L'ordonnance de 1681 était muette sur ce point, aussi avait-elle soulevé de nombreuses controverses. La déclaration de 1779 établit pour les faire cesser que le délaissement ne serait possible pour ce motif que si le navire avait été, soit avant son départ, soit avant son retour, visité et déclaré en bon état. Emérigon en avait conclu qu'en l'absence de représentation par les assurés de procès-verbaux de visite, il y a contre eux présomption *juris et de jure*, que l'innavigabilité provient du vice propre du navire, tandis que la production des procès-verbaux exigés ne produit contre les assureurs la présomption qu'il y a eu fortune de mer, que sauf le droit pour eux d'administrer la preuve contraire. Il admettait de plus que bien que la déclaration n'eût parlé que des assurances sur corps, on devait étendre aux assurances faites sur facultés les présomptions qu'elle avait établies.

Les dispositions de cette déclaration ont été modifiées par le Code, sous trois points de vue : 1° il restreint, comme l'avait déjà fait le décret des 9-13 août 1791, la visite au cas de voyages au long cours; 2° cette visite ne peut plus avoir lieu qu'avant le chargement et dans le port de départ; 3° le procès-verbal de visite n'est plus indispensable pour que le délaissement ait lieu. Seulement s'il est représenté, la présomption est en faveur du bon état du navire, et par suite c'est à l'assureur à prouver le vice propre, tandis qu'en l'absence de ce procès-verbal on devra admettre la présomption contraire et obliger l'assuré à prouver qu'il y a eu fortune de mer. Cette interprétation généralement admise aujourd'hui est contestée par MM. Estrangin et Dageville, qui refusent d'attacher aucune présomption à la production ou au défaut de procès-verbaux de visite. Ils se fondent sur ce qu'il n'y a pas dans la loi de texte formel à ce sujet, et sur l'imprudence qu'il y aurait à ajouter tant de foi à des visites faites peut-être avec peu de soins et d'exactiude. On peut répondre que les présomptions dont il est question résultent, au moins implicitement, de la loi, car sans elles il n'y aurait aucun intérêt à produire ou non des procès-verbaux de visite. Quant au peu d'exactitude possible de ces documents, on en fait disparaître les dangers en réservant aux parties le droit de fournir la preuve contraire. Il faut donc admettre les présomptions que nous avons posées et les appliquer aux assurances sur facultés, comme à celles sur corps ; il ne restera plus alors qu'à se demander comment se fera la preuve si le navire est destiné au cabotage et par suite exempt de visite d'après la loi. C'est la loi du 14 juin 1854, formant l'art. 377 du Code, qui nous indique s'il faut ranger ou non un voyage dans la classe des voyages au long cours. On admet en général que la preuve devra être fournie par l'assureur si le voyage est au cabotage, parce qu'il est naturel de présumer qu'un navire qui prend la mer est en bon état.

Pour pouvoir délaisser, l'assuré doit prouver le sinistre qui lui en donne le droit ; cette preuve résulte en général, nous le verrons, du rapport de mer du capitaine. Mais cette règle n'est pas vraie pour l'innavigabilité, car (article 390) elle doit être déclarée. La déclaration de 1779 avait déjà posé ce principe, mais elle avait donné pouvoir au juge du lieu où s'arrêtait le navire de décider en dernier ressort s'il devait être condamné. Ce système présentait de fort graves inconvénients que l'expérience fit ressortir, aussi le Code l'a-t-il abrogé en n'admettant comme définitive que la condamnation prononcée par un tribunal français. Sous son empire tout ce que les autorités du lieu où le navire aborde peuvent faire, c'est de nommer des experts pour constater l'état du navire et déclarer s'il est, à leur avis, innavigable ; cette déclaration, comme l'expertise, n'aura d'autre but que d'éclairer les juges de France appelés à vider la question, sans gêner en rien leur décision. Il en serait de même pour l'acte émané d'un agent consulaire français, et ordonnant la vente du navire. (Cass., 1er août 1843.)

Non-seulement cette ordonnance ne pourrait rendre le délaissement irrévocable, mais elle ne saurait même pas autoriser le capitaine à signifier le délaissement aux assureurs, parce que l'option entre cette action et celle d'avarie n'appartient qu'à l'assuré (Cass., 15 mai 1854). Mais faut-il aller plus loin et décider que le délaissement ne pourra pas être validé par une autorité administrative de France, et par exemple par un commissaire de marine ? M. Pardessus ne le pense pas ; ses actes, dit-il, sont des preuves de sinistre que l'assureur ne saurait contester, et qu'il doit subir, sauf son recours contre l'agent de l'autorité dont il aurait à se plaindre.

Ce système nous semble incompatible avec les principes de la loi du 13 août 1791 sur la police de la navigation qui, en supprimant les tribunaux d'amirauté, a distingué dans les attributions qui leur étaient confiées, la partie administrative de celle litigieuse, et n'a attribué pouvoir aux commissaires de marine que pour les mesures qui ont un caractère administratif, comme la police des ports et la surveillance des sauvetages. Cette loi a réservé au contraire aux tribunaux de commerce la connaissance de toutes les affaires de commerce, de terre et de mer en matière civile et notamment les règlements d'avaries et les autres demandes et actions civiles des intéressés aux navires et marchandises.

Nous croyons donc avec la Cour de Cassation (3 août 1821) que l'acte du commissaire de marine comme celui du consul et de l'autorité étrangère, laisse au tribunal toute liberté d'action. Il pourrait même admettre l'innavigabilité en dehors des formes de constatation habituelles s'il y a eu impossibilité de les employer (Cass., 14 mai 1836); et la décision des juges du fait, souveraine quant à l'apprécation des faits et documents produits, ne pourrait être réformée par la Cour de Cassation (31 juillet 1839).

Les cas de délaissement s'appliquent, avons-nous dit, aux facultés comme au navire lui-même; de telle sorte que la possibilité de délaisser le corps entraine celle d'abandonner la cargaison; nous ajouterons que cette règle reçoit exception en cas d'innavigabilité provenant de fortune de mer dont les effets varient selon que l'assurance porte sur le corps ou sur les facultés. Dans le premier cas, l'action est ouverte dès que le sinistre a été dûment constaté; dans le second, le délaissement n'est possible que si après un certain délai les marchandises assurées n'ont pas été transbordées du navire innavigable sur un autre qui puisse les faire parvenir à destination. Ce délai est de six mois ou d'un an à dater de la signification aux assureurs des pièces qui établissent l'innavigabilité selon que le sinistre a eu lieu ou non dans les mers d'Europe. Si les marchandises sont sujettes à dépérissement il est réduit à un mois et demi dans le premier cas et à trois mois dans le second (art. 394 et 387). Mais à quelque époque qu'on le signifie, le délaissement remontera toujours, quant à ses effets, au jour du sinistre.

Examinons maintenant dans quels cas l'on peut dire qu'il y a innavigabilité absolue résultant de l'état du navire, ou relative provenant du manque d'argent, d'ouvriers ou d'outils nécessaires. Les tribunaux ont sur ce point une liberté d'appréciation qui n'est limitée que par l'art. 389, qui rejette le délaissement pour innavigabilité, toutes les fois que le navire aurait pu être relevé, réparé et mis en état de continuer sa route. Nous devons donc nous attacher à étudier comment la jurisprudence a usé de cette latitude que lui laisse la loi et quels principes elle a suivis.

Elle admet par exemple que le délaissement sera possible si les réparations à faire au navire avarié demandent presque autant de temps et de dépenses que la construction d'un navire neuf. (Cassation, 14 juin 1832 ; 31 juillet 1839.) Le premier de ces arrêts va même jusqu'à établir qu'il suffit que la somme nécessaire aux réparations ait été évaluée par les experts aux trois quarts de la valeur du navire, quoique la vente survenue postérieurement produise plus du quart de cette valeur. On s'accorde de même à reconnaître qu'il y a innavigabilité relative, lorsque le capitaine, malgré ses efforts, n'a pu trouver l'argent nécessaire pour remettre son navire à flot, quelle que fût du reste la somme dont il avait besoin.

Mais il s'est élevé plus de difficultés sur le point de savoir si la vente d'un navire avarié, nécessitée par l'impos-

sibilité où s'est trouvé le capitaine de se procurer des
fonds peut être une cause légitime de délaissement,
même alors que l'armateur présent au lieu de la vente
y avait des sommes suffisantes pour faire face aux dépenses. Le tribunal de Marseille a refusé de l'admettre
par un jugement du 22 juillet 1830. La vente, a-t-il dit
avec raison, a été en ce cas un fait volontaire de la part
de l'armateur puisqu'il eut pu l'éviter en employant les
fonds qu'il avait dans les mains. On oppose à cette doctrine un arrêt de la Cour de Paris du 6 décembre 1818,
qui décide que l'impossibilité d'emprunter à la grosse
donne ouverture au délaissement bien que l'armateur
eût sur les lieux un correspondant qui lui devait des
sommes importantes. Remarquons tout d'abord qu'on
ne peut tirer argument de la décision même de la Cour
de Paris, car l'hypothèse dans laquelle elle a statué
diffère de celle sur laquelle s'est prononcé le tribunal
de Marseille, en ce que l'armateur ne se trouvait pas
lui-même sur les lieux et n'y avait que des fonds insuffi-
sants pour couvrir toutes les dépenses nécessaires. L'antinomie ne peut donc se tirer que de ce que la cour a invoqué ce motif que l'assuré ne peut être tenu de réparer,
aux dépens de sa fortune de terre, les risques qu'il a fait
assurer. Nous ne comprenons pas, nous l'avouons, l'application de ce principe au cas dont nous nous occupons,
puisque l'assuré, en avançant les fonds n'eût fait qu'un
simple prêt, et qu'il aurait pu réclamer aux assureurs
ses déboursés avec les intérêts. Il n'a donc rien à craindre et devra faire cette avance, car il est chargé par le
Code de sauvegarder les droits des assureurs par tous les
moyens possibles. Si la loi n'a parlé de se procurer des

fonds qu'à l'aide de prêts à la grosse, c'est-à-dire faits par des tiers, c'est parce que ce sera là le cas le plus fréquent et que l'hypothèse où l'armateur se trouve au lieu où aborde le navire est trop rare pour que la loi s'en occupât. Comment admettre d'ailleurs que la loi n'ait pas voulu forcer l'armateur à fournir la somme nécessaire pour réparer le navire, alors qu'elle autorise le capitaine à vendre dans ce but la cargaison qui lui est confiée, c'est-à-dire à dépouiller, sans leur aveu, de leur propriété des tiers, bien moins intéressés que l'armateur au salut du navire? Il faut donc s'en tenir à la doctrine du tribunal de Marseille avec d'autant plus de raison que le système contraire, en mettant dans certains cas le délaissement à la discrétion de l'assuré, enlèverait à l'assureur une partie des garanties que l'art. 389 a voulu lui donner.

Ces objections s'appliquent à plus forte raison à un arrêt de la Cour de Bordeaux du 16 janvier 1860, qui a admis une nouvelle sorte d'innavigabilité en permettant de délaisser dans l'espèce suivante. Un navire arrive à sa destination parfaitement navigable, seulement son capitaine, pendant la traversée, a souscrit un billet de grosse dont on réclame le payement; l'armateur, au lieu de l'effectuer, abandonne son navire à ses créanciers en vertu de l'art. 216, et notifie à ses assureurs son délaissement par suite de l'abandon. Cette prétention d'un assuré de se créer une cause de délaissement par un fait purement volontaire de sa part a été élevée, pour la première fois, en 1858, devant le tribunal de Marseille, qui n'hésita pas à la rejeter, et son jugement fut confirmé par la Cour d'Aix le 15 janvier 1859. Reproduite quelque temps plus tard devant la Cour de Bordeaux, elle fut admise par l'arrêt que nous avons cité. Bien qu'il ait été maintenu par la chambre des requêtes, nous croyons que la doctrine qu'il contient est contraire à la justice et ne repose sur aucune raison sérieuse et qu'il faut s'attacher à l'avis de la Cour d'Aix, dont l'équité et les motifs juridiques sont inattaquables. Et d'abord, au point de vue de l'équité, on ne peut rendre les assureurs responsables d'une perte de propriété qui a sa source non dans une fortune de mer qu'ils doivent garantir, mais dans un fait volontaire de la part de l'assuré, qui a préféré faire abandon de son navire à ses créanciers que d'acquitter une dette légitime. Sur quels motifs la Cour de Bordeaux a-t-elle donc pu baser une décision si peu en rapport avec les principes mêmes du contrat d'assurances? C'est ce qui nous reste à examiner. Elle s'est fondée d'abord sur ce que l'assurance sur corps couvre le navire contre les pertes résultant de la navigation jusqu'au moment où il est mis à la libre disposition de l'assuré. Ce principe est incontestable; mais il nous semble réfuter le système de la Cour, car il en résulte que l'assurance ne garantit pas le navire des conséquences de faits postérieurs au moment où il a été mis à la libre disposition de l'assuré, c'est-à-dire au moment où il est rentré à son port de destination parfaitement navigable. L'arrêt que nous combattons s'appuie ensuite sur ce que la vente du navire, résultat de l'abandon, est pour l'assuré une perte complète dans le sens de l'art. 369, aussi complète que s'il eût péri en mer. Nous le voulons bien; seulement on ne peut faire supporter cette perte par l'assureur, pas plus qu'on n'eût pu mettre à sa charge une perte arrivée en mer par suite d'un fait libre de l'assuré. Le dernier motif invoqué se tire de ce que l'assuré ayant prévenu les assureurs de la dette, c'était à eux de rendre l'abandon inutile en soldant les billets de grosse, puisqu'ils sont tenus de toutes les suites des événements de mer. Ce motif a sur les autres cet avantage que, s'il était vrai, il fournirait une base sérieuse à l'arrêt qui l'invoque; malheureusement il constitue une allégation purement arbitraire que repousse l'arrêt de la Cour d'Aix que nous avons cité. Les raisons qu'elle oppose à cette théorie, et qui nous paraissent incontestables, sont les suivantes. Lors de l'arrivée du navire, les assureurs ne peuvent être tenus de plein droit de payer sur un simple avis le contrat de grosse, puisqu'ils ne sont en aucune façon débiteurs de l'assuré jusqu'à ce qu'un règlement soit intervenu entre eux, et cela avec d'autant plus de raison que les réparations qui ont rendu l'emprunt nécessaire n'ayant peut-être été motivées que par un vice propre de la chose, les assureurs ne peuvent être obligés d'en supporter les frais avant d'en connaître la cause. La Cour d'Aix eût pu ajouter que le résultat qu'elle repoussait serait encore bien plus inadmissible si l'on supposait que la police contenait la clause : *franc d'avaries;* car, dans ce cas, on verrait, d'après le système de la Cour de Bordeaux, des assureurs obliges, pour éviter le délaissement, de payer un emprunt contracté pour fournir à des dépenses qui devaient, d'apres leur contrat, leur rester étrangères. Nous ne prolongerons pas cette discussion en faisant ressortir les inconvénients pratiques du système que nous combattons; l'émotion légitime ressentie par les assureurs à la suite du rejet du pourvoi formé contre l'arrêt que nous attaquons en est une assez forte preuve. D'ailleurs les arguments que nous venons de produire nous paraissent bien suffisants pour conclure avec la Cour d'Aix que le fait par l'assuré d'abandonner son navire pour se soustraire au payement des emprunts à la grosse est un fait à lui personnel dont on ne peut rendre l'assureur responsable en en déduisant la possibilité de délaisser.

Citons encore comme une remarquable application du délaissement pour innavigabilité un arrêt de la Cour de Paris (27 novembre 1841), qui en a admis la possibilité alors que le capitaine, dont les assureurs garantissaient la baraterie, n'avait pu trouver l'argent qui lui était nécessaire après avoir de bonne foi refusé un emprunt proposé à des conditions trop onéreuses et d'ailleurs insuffisant pour faire face à toutes les dépenses.

Dans tous les cas où nous avons admis l'assuré à délaisser, nous avons supposé que l'innavigabilité était survenue pendant le voyage et que par suite le navire n'avait pu arriver à destination; mais cette condition est-elle indispensable? Nous croyons que non, et nous admettons qu'un navire arrivé à sa destination peut être déclaré innavigable, si les accidents qui l'ont réduit à cet état sont arrivés pendant que les risques étaient encore à la charge des assureurs. Ces accidents seront constatés et leur cause sera appréciée comme si le navire eût abordé dans tout autre port que celui de sa destination. Il n'y aura donc, dans ce cas, d'autre difficulté spéciale que la détermination de l'époque à laquelle se rapportent ces accidents, et le tribunal de Marseille (14 mars 1834) a décidé sur ce point que les assureurs doivent prouver leur allégation lorsqu'ils prétendent que les causes d'innavigabilité sont postérieures à la cessation du risque. C'est là une doctrine que nous croyons vraie, puisqu'elle est conforme à l'esprit de l'art. 376 et de la présomption qui l'établit. Toutefois il est juste de la restreindre au cas où l'armateur fournira à l'appui de son allégation des documents tels que le livre de bord ou des attestations de l'équipage propres à la rendre vraisemblable.

§ 4. — *Arrêt de prince.*

Nous employons ce terme au lieu de dire, comme l'article 369, arrêt de puissance étrangère, pour pouvoir comprendre dans nos développements l'arrêt résultant d'un ordre du gouvernement.

L'arrêt de prince, d'après Émérigon, est l'acte d'un prince ami qui, pour cause d'utilité publique et en dehors de tout fait de guerre, arrête quelques navires ou tous les navires qui se trouvent dans un port ou une rade soumise à sa domination.

La différence entre ce cas et celui de prise consiste, d'après Pothier, en ce que la prise a lieu en pleine mer, tandis que l'arrêt se fait dans le port ou la rade où se trouve le vaisseau. Cette idée n'est pas exacte; car, si le navire est détenu dans un port par suite d'une déclaration de guerre ou de représailles, il y a là une prise qui autorise le délaissement immédiat, tandis qu'il y a simple arrêt de prince lorsqu'un navire est arrêté en pleine mer par une puissance amie pour acheter sa cargaison nécessaire à ses besoins. Si la définition d'Émérigon ne prévoit pas cette dernière hypothèse, c'est qu'elle est beaucoup plus rare; mais elle nous montre que la vraie différence entre les deux cas consiste en ce que la prise a lieu par un fait de guerre pour s'approprier les objets capturés, tandis que l'arrêt de prince a lieu pendant la paix et implique l'intention de rendre ce qui a été arrêté ou sa valeur. D'où il résulte que la prise rompt nécessairement le voyage, et que l'arrêt de prince ne fait au contraire que l'interrompre.

Comme il serait fort rigoureux de faire payer par l'assureur la somme entière assurée sans laisser écouler le temps nécessaire pour faire cesser l'obstacle apporté à la navigation, obstacle en général purement temporaire, la loi a ordonné que la faculté de délaisser qui résulte immédiatement de la prise ne pourrait, s'il y a eu arrêt, être exercée qu'après un délai contenu dans l'art. 387. Ce délai, qui court du jour où l'assuré a signifié l'arrêt aux assureurs, est de six mois s'il a eu lieu dans les mers d'Europe, et d'un an s'il a eu lieu dans toutes les autres mers. Lorsque ce temps est expiré sans que les objets assurés soient revenus à leur propriétaire, le Code les considère comme perdus, et avec raison, car la célérité est le besoin naturel du négociant, pour qui un retard peut changer en perte le gain qu'eût donné une spéculation, si elle eût été effectuée au moment par lui prévu.

On ne peut donc contester l'équité de ce principe lorsque le navire est relâché avec son chargement, mais il semble qu'on devrait autoriser l'assuré sur facultés à délaisser immédiatement lorsque la cargaison du navire arrêté est retenue par le souverain ami, sauf payement de sa valeur. Le but de l'assurance est en effet de garantir le transport de l'objet assuré d'un lieu à un autre, transport que rend impossible l'espèce d'expropriation dont il a été atteint dans notre espèce. Personne ne s'est rangé à cette idée, et la jurisprudence est d'accord avec la doctrine pour refuser en ce cas à l'assuré le droit de délaisser. Aussi le tribunal de Marseille disait-il, le 28 février 1822, que dans tous les temps on a tenu pour principe que si le prince qui fait l'arrêt prend la cargaison et la paye, l'assuré n'a rien à réclamer à l'assureur. Ces derniers mots sont inexacts, car ce dernier est tenu, sur l'action d'avarie, d'indemniser l'assuré de la lésion que pourra lui causer cette vente forcée ; mais, pour apprécier cette lésion, on doit établir comme règle qu'aucune indemnité ne peut être due : 1° si la cargaison est payée un prix égal à celui qu'ell aurait à son port de destination ; 2° si le prix payé égale le prix d'achat ou de revient de l'objet saisi, augmenté de tous les frais qu'il a occasionnés à l'assuré.

Le délaissement pour cause d'arrêt de prince ne sera pas possible non plus dans le cas où le navire a été arrêté par suite de la défense faite par un souverain de laisser passer certaines marchandises dans ses États, et même de les laisser rétrograder, lorsqu'elles y sont parvenues. Il faut toutefois, ainsi que l'a établi le tribunal de Marseille (9 mars 1824), que cette défense soit générale, préexistante au contrat d'assurance, et n'ait pas entraîné la dépossession des marchandises. C'est qu'en effet l'assuré qui, connaissant une pareille défense, n'en a pas tenu compte, a fait un acte de contrebande dont il doit seul supporter les conséquences, car il n'y pas là un risque maritime. On ne peut mettre la perte qui en résulte à la charge de l'assureur que s'il s'y est formellement soumis, et sans que cette intention de sa part puisse être présumée en aucun cas.

Il n'est pas nécessaire, pour qu'il y ait arrêt de prince dans le sens de l'art. 369, qu'il soit la conséquence d'un ordre direct du souverain; l'ordre peut valablement émaner d'un fonctionnaire ou d'un juge étranger, pourvu qu'il ait un motif d'utilité publique et qu'il soit prononcé spontanément. Si donc le capitaine du navire arrêté est intervenu pour faire rendre cet ordre, il ne pourra donner ouverture au délaissement. Cette règle a été appliquée à un jugement rendu à l'étranger pour autoriser à terminer son voyage, dans un port de sa route, un capitaine qui l'avait provoqué, par suite du refus des chargeurs d'accorder une augmentation de fret que la survenance d'une guerre, depuis le départ, rendait nécessaire pour compenser l'accroissement des risques. Il en a été de même pour un jugement qui avait autorisé, sur sa demande, un capitaine à décharger en cours de voyage des laines qui, par leur échauffement, présentaient de graves dangers d'incendie.

Nous trouvons dans le même sens un jugement du tribunal de Marseille, du 23 avril 1807, qui rejette le délaissement, fondé sur la décision d'un juge étranger qui, par suite des démarches de son capitaine, avait ordonné le désarmement du navire assuré, par ce motif que depuis le départ il était survenu une interdiction de commerce avec le lieu de destination. C'est qu'en effet l'interdiction de commerce n'est pas regardée par le Code comme un cas de délaissement, bien que ce soit une force majeure comparable sur bien des points à l'arrêt de prince; elle ne peut donc autoriser par elle-même qu'une action d'avarie. Aussi croyons-nous que c'est à tort que ce même tribunal de Marseille s'est écarté de la doctrine contenue dans son jugement de 1807, en faisant résulter la faculté de délaisser de ce qu'une permission de passage nécessaire au navire pour atteindre le lieu de sa destination avait été refusée par un souverain étranger. Il s'agissait dans l'espèce d'un refus opposé par les autorités turques à la demande du firman nécessaire pour entrer dans la mer Noire, formée par le capitaine d'un navire frété pour Odessa (10 novembre 1829).

L'art. 369, *in fine*, assimile l'arrêt ordonné par le gouvernement français à celui qui émane d'un prince étranger; cet arrêt peut avoir plusieurs raisons, et, par exemple, le besoin qu'aurait le gouvernement du navire, de son équipage ou de son chargement. La loi semble toutefois indiquer une différence entre ces deux cas, en subordonnant le délaissement pour cause d'arrêt du gouvernement à cette circonstance qu'il interviendra après le voyage commencé, ce qui doit s'entendre en ce sens qu'il est nécessaire que le risque ait commencé à courir lorsque l'arrêt intervient. L'expression peu exacte dont se sert notre article vient de ce que ses rédacteurs avaient surtout en vue l'assurance sur corps, où le risque commence avec le voyage. Cette différence n'existe pas en réalité, car il faut étendre la restriction que nous venons de voir même au cas où l'arrêt a lieu par l'ordre d'un prince étranger. Cela résulte formellement de l'article 370, qui pose en règle générale que le délaissement ne peut être fait avant le voyage commencé, c'est-à-dire avant le risque couru. Si cette condition a frappé le législateur plus particulièrement dans le cas d'arrêt par ordre du gouvernement français, c'est que ce sera le plus souvent dans ce cas que l'arrêt pourra précéder le commencement du risque. Mais le contraire peut arriver; par exemple, si un navire armé dans un port étranger y est arrêté avant d'avoir entrepris son voyage, il ne pourra être délaissé.

Comme le risque commence pour les marchandises dès qu'elles ont été placées sur des allèges ou gabarres pour être chargées, on pourra les délaisser toutes les fois que l'arrêt sera postérieur à ce moment.

§ 5. — *Perte ou détérioration allant au moins aux trois quarts.*

L'ordonnance de 1681 n'admettait le délaissement que lorsqu'il y avait eu perte entière des objets assurés. Cette disposition avait été vivement critiquée par les auteurs, car non seulement elle ne prévoyait pas le cas de détérioration alors qu'il est vrai de dire que des marchandises tout à fait détériorées sont perdues, mais encore elle ne s'appliquait à la perte matérielle que lorsqu'elle était entière. C'était rendre le délaissement pour cette cause presque inapplicable aux assurances sur facultés, inconvénient bien grave, surtout dans le cas où l'assurance a été faite franche d'avaries, car cette clause enlève tout recours à l'assuré, à moins que le délaissement ne soit possible. Certains auteurs, et notamment Pothier et Valin, frappés de ces idées, refusaient de s'attacher au texte de l'ordonnance, et regardaient le délaissement comme valable toutes les fois qu'il y avait privation pour l'assuré de la moitié des objets assurés, se fondant, pour poser ce principe, sur la doctrine du *Guidon de la mer*. D'autres commentateurs, et par exemple Emérigon, contestaient cette théorie et disaient que le texte de l'ordonnance était trop formel pour se plier à une pareille interprétation, quelle qu'en pût être d'ailleurs l'utilité. Notre Code est venu faire disparaître les inconvénients que nous avons signalés dans l'ordonnance, en mettant la détérioration sur la même ligne que la perte, et en n'autorisant le délaissement que lorsque la détérioration ou la perte va au moins aux trois quarts.

Il ne peut donc plus y avoir en notre matière d'autre difficulté que celle d'apprécier si la détérioration ou la perte a atteint la proportion exigée par le Code. Notons tout d'abord que la perte et la détérioration sont deux sinistres qu'il ne faut pas confondre, puisque la première porte sur la quantité des objets assurés, tandis que le caractère essentiel de la seconde est de changer une qualité bonne en une mauvaise. D'où il résulte que la quotité de la perte se déterminera par le nombre, le poids ou la mesure des objets restés intacts; tandis que celle de la détérioration s'évaluera par la comparaison de la valeur qu'ont les objets assurés après le sinistre avec celle qu'ils auraient à l'état sain, ou par la comparaison de cette dernière valeur avec les dépenses nécessaires pour les remettre dans leur état primitif. Il y aura peu de difficulté pour fixer l'étendue de la perte, car pour le corps, si elle n'est pas entière ou presque entière, il y aura simple détérioration. Quant aux facultés, il y aura lieu de les délaisser pour perte toutes les fois que ce qui en restera après le sinistre ne constituera pas le quart du chargement primitif, ce qui arrivera, par exemple, si le surplus a été jeté à la mer ou bien perdu par suite d'un accident de mer ; mais pour déterminer si la perte des marchandises atteint les trois quarts, il faudra faire un calcul spécial pour chaque capital souscrit. Il n'y aura donc qu'un seul calcul à faire si les marchandises assurées ne forment qu'un seul capital, quoique portées sur des polices différentes. Si, au contraire, des marchandises assurées dans une même police l'ont été par capitaux distincts, parce qu'on les a divisées par espèces, par séries ou de toute autre manière, il ne faudra permettre de délaisser chaque capital que si la perte porte sur les trois quarts de ce capital pris en lui-même, à moins qu'il ne ressorte de la police que ces évaluations diverses doivent être considérées comme les éléments d'un seul tout. D'après la Cour de Bordeaux (4 décembre 1843), cette règle ne serait plus applicable, bien que les marchandises eussent été divisées par séries, si le capitaine en cours de voyage avait fait vendre les trois quarts de la cargaison sans noter à quelles séries appartenaient les objets vendus. L'application de ces principes doit être faite en cas de détérioration comme en cas de perte.

Une autre règle commune aux deux cas est que, pour fixer la quotité, il ne faut faire entrer en ligne de compte que les dommages matériels qui résultent directement des événements de mer. On ne doit donc pas comprendre dans le calcul les frais de sauvetage ou autres que ces événements ont pu rendre nécessaires. Cette solution a été contestée par M. Dageville, qui se fonde sur ce que la loi, pour admettre le délaissement, exige seulement qu'il y ait perte des trois quarts de la valeur des objets, sans distinguer en aucune façon si elle résulte directement ou non du sinistre. En présence de ce silence de la loi on ne peut, suivant cet auteur, introduire aucune distinction, et l'on doit tenir compte de toutes les dépenses légitimes antérieures à la demande en délaissement et même des frais de justice faits sur le lieu du sinistre, mais on doit faire abstraction des frais faits par l'assuré pour la poursuite de son action en délaissement. Ce système a trouvé peu de partisans, et la jurisprudence, d'accord sur ce point avec la plupart des auteurs, et par exemple avec MM. Estrangin, Boulay-Paty et Pardessus, admet que le droit de délaisser doit naître directement du sinistre, et qu'on ne peut invoquer, pour le rendre admissible, des dépenses qui rentrent dans la classe des avaries. Nous nous contenterons de citer, dans ce sens, un arrêt de la Cour de Paris du 27 mars 1838, et un autre de la Cour de Cassation du 19 février 1844.

Il nous reste, pour terminer ce que nous avions à dire sur le cas de perte, à examiner une question fort grave et très-controversée; c'est celle de savoir si le délaissement sera possible, par cela seul que les facultés assurées ne seront pas parvenues à destination, ce qui arrivera, par exemple, lorsqu'elles auront été vendues en cours de voyage par suite de fortune de mer. Cette difficulté avait déjà été soulevée sous l'empire de l'ordonnance de 1681 ; et Emérigon, qui s'en occupait fort longuement, refusait d'admettre le délaissement. Aujourd'hui encore il faut, croyons-nous, suivre ce système en vertu des principes généraux de la matière.

La voie de recours ordinaire de l'assuré est l'action d'avarie, et ce n'est que dans les cas où la loi lui donne formellement le droit de délaisser qu'il peut en faire usage. Or, l'art. 369 ne nous paraît pas comprendre parmi les cas de perte celui où la marchandise n'est pas parvenue à destination par suite de la vente faite par le capitaine, et cela avec raison, car elle devait, en définitive, être vendue, et son propriétaire pourra en recouvrer le prix. Si ce prix obtenu en cours de voyage est inférieur au prix réel, il y aura bien là un préjudice pour l'assuré, mais ce préjudice ne pourra donner ouverture qu'à une simple action d'avarie.

Nous supposons, bien entendu, que la différence n'égale pas les trois quarts de la valeur, car alors aucun doute ne serait possible, puisqu'on se trouverait dans les termes même de l'art. 369. Il faut de même écarter l'hypothèse où la non arrivée des marchandises se rattacherait à une innavigabilité du navire, car alors le délaissement serait possible pour ce motif; mais à la condition : 1° que le navire lui-même, porteur des objets assurés; n'arrivât pas à destination; 2° qu'on n'eût pas pu les transborder sur un autre dans le délai légal. Tout ce que nous voulons dire, en effet, c'est que la non arrivée des facultés n'est pas, par elle seule, une cause de délaissement.

M. Bédarride soutient énergiquement le système contraire, et assimile à la perte le défaut de livraison des objets assurés au lieu de leur destination. Il se fonde, d'abord, sur un arrêt de la Cour de Rouen, du 27 novembre 1838, qui admet cette assimilation. Bien qu'on puisse soutenir que cette décision, contraire, du reste, à celle du tribunal du Havre, a été déterminée par cette considération que, dans l'espèce, les marchandises étaient dans un état tel, qu'elles devaient, dans un bref délai, subir une perte totale qui eût amené sans difficulté le délaissement, et que la vente n'avait pu, par suite, être qu'avantageuse pour les assureurs, nous reconnaissons que la Cour semble avoir adopté l'avis que nous combattons. Son arrêt, qui donnait, selon nous, trop d'extension au mot *perte* employé par l'art. 369, a bien été confirmé par la Cour de Cassation (5 novembre 1839), mais on ne peut arguer de ce fait, attendu que le pourvoi a été rejeté par ce motif que la Cour de Rouen avait jugé en fait, et que sa décision était, par conséquent, souveraine. La Cour suprême a donc considéré l'arrêt attaqué comme un arrêt d'espèce et n'a, par suite, sanctionné en aucune façon la théorie qu'il contenait sur le point de droit. Son silence à ce sujet est d'autant plus remarquable, que le rapporteur avait énergiquement soutenu cette théorie, qu'il déclarait conforme à un arrêt de la Cour de Cassation elle-même, du 22 juin 1826.

C'était là, croyons-nous, une erreur, car cette décision ne fait que maintenir, comme rendu en fait, un arrêt de la Cour de Paris, qui admet le délaissement de facultés non arrivées à destination, parce que, dans l'espèce, on rencontrait les deux conditions nécessaires pour qu'il y eût innavigabilité. Nous pouvons, du reste, ajouter que la Cour de Cassation s'est complétement rangée au système que nous soutenons, le 14 mai 1844, puisqu'elle a rejeté le pourvoi intenté contre un arrêt de la Cour de Rennes, qui avait adopté en leur entier les motifs d'une

sentence arbitrale où nous trouvons la phrase suivante :
« considérant qu'aucune loi n'a mis purement et simplement au nombre des causes légitimes de délaissement le défaut d'arrivée des marchandises au lieu de leur destination....., et que, dès lors, il y a lieu de régler ce cas par la voie ordinaire et naturelle, c'est-à-dire par l'action d'avarie. »

Nous en sommes arrivés aux règles à suivre pour apprécier la quotité de la détérioration; nous devrons les étudier séparément selon qu'elles sont applicables aux facultés ou au corps même du navire.

Quand il s'agit de marchandises, c'est la comparaison de leur valeur à l'état sain et en état d'avarie qui fixe le montant de la détérioration qu'elles ont subie. MM. Boulay-Paty et Bédarride pensent qu'une expertise pourra seule établir cette comparaison en tenant compte d'une part de la valeur des effets à l'état sain au lieu et au jour du chargement, et de l'autre de ce qu'auraient valu, à la même époque et au même lieu les effets tels que l'avarie les a rendus. Les experts, dit à ce sujet M. Boulay-Paty, ne doivent pas prendre pour base un prix de vente au lieu d'arrivée, parce que ce prix variera nécessairement suivant la rareté des marchandises et la hausse ou la baisse qu'elles auront subie. Or, jamais les bénéfices ou pertes d'une expédition, les résultats plus ou moins heureux d'une spéculation commerciale, ne sont à considérer; il est, au contraire, de l'essence du contrat d'assurance que la fixation et l'évaluation des pertes à la charge des assureurs ne portent que sur la chose considérée en elle-même. Les partisans de ce système reconnaissent bien que la vente postérieure des objets avariés peut donner un résultat différent de celui de l'expertise, en rendant, par exemple, une somme supérieure au quart de la valeur primitive, alors que les experts ont admis une détérioration des trois quarts, mais ils pensent que, même en ce cas, c'est au chiffre fixé par les experts que les juges doivent s'attacher de préférence.

Ce système est repoussé dans la pratique, et avec raison, selon nous.

Le mode qu'on emploie est à la fois et plus simple et plus sûr; il consiste à déterminer, par l'attestation des courtiers, la valeur qu'aurait, au lieu où elle arrive, la marchandise à l'état sain, et à la comparer avec sa valeur actuelle, qui est fixée par la vente qui en est faite. La comparaison entre ces deux chiffres fixe aussi exactement que possible la détérioration, car ce n'est, en réalité, qu'une dépréciation. Ce mode de procéder n'est pas illégal, car de ce que le Code a voulu que le prix de la marchandise ne pût, pour établir le montant de l'assurance, être fixé que tel qu'il était au lieu de charge il ne résulte pas que ce soit ce même prix qu'on doive considérer pour déterminer la détérioration survenue aux objets assurés. Quant à l'objection tirée de la différence des cours, elle ne peut arrêter, car elle doit porter également sur la valeur au même lieu de la marchandise saine et de la marchandise avariée; il est donc évident que les deux valeurs étant modifiées dans la même proportion, le rapport n'en reste pas moins exact. Qu'on remarque, d'ailleurs, combien le système que nous combattons présente peu de garantie. Les experts devront fixer le prix d'un objet dans un temps et un lieu autres que ceux où ils opèrent : en ce qui touche l'évaluation des marchandises à l'état sain, ils pourront, il est vrai, se guider sur le prix qu'ont coûté des objets semblables dans le lieu et au temps du chargement, prix qui leur sera peut-être fourni par le cours du marché, mais aucun document de ce genre n'existera pour la marchandise à l'état d'avarie. Comment, dès lors, préférer pour cette dernière une estimation tout à fait arbitraire et conjecturale des experts à celle qui résultera de la vente même des objets.

Du reste, le système que nous soutenons peut invoquer deux arrêts, l'un de la cour de Paris du 19 mai 1840, et le second de la cour de Rennes du 29 août 1845. M. Bédarride conteste la portée de ce dernier, qu'il regarde comme un arrêt d'espèce. Nous ne le croyons pas, car cet arrêt pose, du moins en principe, que l'article 369 n'exige pas que l'évaluation résulte d'une expertise, ce qui détruit le système de cet auteur. La doctrine de la cour de Rennes est confirmée dans un arrêt de la chambre des requêtes du 24 août 1846, qui repousse en outre la dernière objection que font à la théorie que nous venons d'exposer les partisans du système opposé. Le délaissement, disent-ils, ayant un effet rétroactif au jour du sinistre, la propriété des marchandises appartenait aux assureurs lors de la vente; les conséquences de cette vente doivent donc rester étrangères aux assurés. Mais la Cour de Cassation a fait justice de cette idée, en disant que pour que la translation de propriété qui résulte du délaissement ait un effet rétroactif, il faut que le délaissement soit valable; or c'est là justement ce qui est en question.

Si la détérioration porte sur le corps même du navire, la méthode à suivre pour en déterminer la quotité doit être, nous l'avons dit, étudiée indépendamment de celle que nous venons d'appliquer aux avaries sur facultés. C'est qu'à côté de la dépréciation, seul élément à consulter dans ce dernier cas, se place, lorsqu'il s'agit d'une avarie sur corps, l'évaluation de la somme nécessaire pour la réparer. On peut dès lors se demander lequel de ces deux éléments devra l'emporter dans le calcul à faire pour décider s'il y a possibilité de délaisser pour détérioration des trois quarts, si l'on suppose qu'un seul de ces chiffres atteigne cette quotité. La valeur prise pour unité sera celle du navire qui est déterminée par la somme portée dans la police, en en déduisant, s'il y a lieu, les frais d'armement et d'avitaillement qui peuvent avoir été compris dans l'assurance sur corps.

Certains auteurs, et par exemple M. Cauvet, pensent que l'évaluation des réparations est le moyen le plus sûr de constater la détérioration d'un navire, parce que son estimation à l'état d'avarie peut être modifiée par bien des causes, sans qu'on puisse dire que les modifications porteront comme pour les facultés sur les deux termes du rapport. Les navires ne sont d'ailleurs pas destinés à être vendus comme les marchandises, il faut donc les considérer au point de vue seulement de l'usage qu'en peuvent faire les propriétaires ; or, de ce que dans une relâche on aura trouvé que la valeur vénale a diminué des trois quarts, il ne résulte pas qu'il y ait pour l'armateur un préjudice des trois quarts à ce point de vue. La cour de Paris a admis ce système dans un arrêt du 4 décembre 1839, par ce motif qu'en suivant une autre méthode, on imposerait aux assureurs la responsabilité et la charge des dégradations même résultant du vice propre et de la vétusté, et d'autres dépréciations étrangères à l'événement de mer.

Nous ne pouvons nous ranger à cette solution, parce qu'elle nous semble en désaccord formel avec l'art. 369. D'après ce texte, le délaissement du corps d'un navire assuré peut avoir lieu pour détérioration des trois quarts aussi bien que pour innavigabilité; ce sont là deux causes de délaissement qui ne peuvent être confondues. Or la théorie que nous combattons, exigeant dans tous les cas que le montant des réparations nécessaires atteigne les trois quarts de la valeur du navire, a pour résultat de confondre les deux cas, puisqu'il y a toujours innavigabilité lorsque cette condition se rencontre. Si l'on admet, au contraire, comme nous le faisons, que le délaissement sera possible lorsque la valeur du navire aura été diminuée des trois quarts, la loi sera observée, puisque le délaissement sera fondé sur l'innavigabilité lorsque le navire exigera des réparations d'un prix égal aux trois quarts de sa valeur, et sur la détérioration des trois quarts lorsque le navire ne sera estimé qu'au quart de sa valeur primitive. C'est la seule solution conforme à la loi; il faut donc s'y attacher malgré les inconvénients de fait qu'on lui reproche, et que les tribunaux auront à apprécier lorsque les expertises leur seront soumises. Elle a été consacrée par un arrêt de la cour de Bordeaux du 5 avril 1832.

Une dernière difficulté nous reste à examiner. Supposons qu'un prêt à la grosse de 10,000 fr. ait été consenti sur un chargement valant 40,000 fr., et que le prêteur ait fait assurer ces 10,000 fr., tandis que l'emprunteur n'a pas fait garantir par une assurance l'excédant de valeur de ses marchandises. Faudra-t-il, pour que le prêteur puisse délaisser, que la valeur du chargement soit réduite par fortune de mer au quart de la somme prêtée, ou bien suffira-t-il qu'après le sinistre elle ne dépasse pas le quart du prix total du chargement, qui forme la garantie du prêt? M. Dageville se range au second avis, et décide que le délaissement sera possible si les objets sauvés ne valent pas plus de 10,000 fr., et par exemple n'en valent que 5,000, quoique dans ce dernier cas le prêteur à la grosse touche en réalité la moitié de la somme qui lui est due. Voici le raisonnement sur lequel cet auteur appuie son système : l'emprunteur eût pu faire assurer l'excédant de la valeur de sa cargaison sur le montant du prêt, 30,000 fr. dans notre espèce; or le sauvetage que nous avons supposé valoir 5,000 fr. se fut, en ce cas, partagé entre l'assureur et le prêteur à la grosse en proportion de leur intérêt; ce dernier n'en eût donc touché que le quart, soit 1,250 fr. Cette somme étant inférieure au quart du montant de son prêt, il aurait pu délaisser sans difficulté; mais la faculté de délaisser devant, d'après la loi, résulter directement des événements de mer, on ne peut la faire dépendre de ce que l'emprunteur aura, ou non, usé de son droit de faire assurer l'excédant de valeur de ses marchandises; il faut donc admettre que le délaissement sera possible pour le prêteur, quoique l'emprunteur ne soit pas assuré, toutes les fois que le fait de cette assurance eût ouvert le droit de délaisser.

Outre qu'il y a quelque chose de bizarre à raisonner sur ce qui aurait pu être et non sur ce qui a lieu en réalité, ce système conduit à des résultats inadmissibles. Il peut rendre le délaissement possible, alors même que le prêteur ne perd pas un centime de la somme qu'il a avancée. Supposons, en effet, que dans notre hypothèse le sauvetage produise 10,000 fr., le prêteur, puisqu'il n'y a pas d'assurance, touchera toute cette somme, et rentrera, par conséquent, intégralement dans ses fonds. Mais s'il y avait eu une assurance souscrite par l'emprunteur sur les 30,000 fr. qui forment son excédant, le sauvetage se fut partagé, et le prêteur n'eut touché que 2,500 fr., ce qui lui eut donné droit de délaisser, puisqu'il n'eût touché que le quart de son prêt. On devrait donc, suivant le système que nous combattons, l'admettre à délaisser en ce cas, bien qu'il puisse toucher en entier la somme à laquelle il a droit. Ce résultat singulier, relevé par M. Bédarride, nous décide à nous ranger au système suivi par le tribunal de Marseille (15 mars 1824), qui, distinguant la somme prêtée de la valeur des objets qui forment le gage du prêteur, et se fondant sur ce que c'est cette somme prêtée qui est l'aliment de l'assurance, décide que le délaissement ne sera possible que si la réduction des trois quarts porte sur cette somme. Pour que le prêteur puisse délaisser, il faudra donc dans notre hypothèse que le sauvetage ne produise pas plus de 2,500 fr.

§ 6. — *Défaut de nouvelles.*

Le défaut de nouvelles est une présomption de perte que la loi a dû admettre comme ouvrant la faculté de délaisser, parce que la perte du navire peut se réaliser dans des circonstances telles qu'on puisse ne jamais connaître sa destinée, et qu'il était de l'intérêt des assureurs eux-mêmes que l'assuré pût néanmoins obtenir une indemnité aussi prompte que possible. Elle ne peut être immédiate, car le défaut de nouvelles ne fait présumer la perte que s'il s'est prolongé pendant un certain temps; aussi la loi a-t-elle dû édicter elle-même au bout de quel délai cette présomption serait acquise. Ce délai est déterminé par l'art. 375, qui admet que le délaissement pourra être fait pour défaut de nouvelles au bout d'un an ou de deux ans, selon qu'il s'agira d'un voyage ordinaire ou d'un voyage au long cours, et la loi du 3 juin 1862 l'a réduit à six mois ou un an. La rapidité des communications rendait trop long le laps de temps fixé par le Code, qui, du reste, l'avait pris dans l'ordonnance de 1681, malgré les réclamations de plusieurs tribunaux, qui déjà à cette époque demandaient qu'il fût abrégé. Ajoutons que les polices d'assurances dérogeaient en général sur ce point à l'art. 375. Quant à la distinction à faire entre les voyages ordinaires et ceux au long cours, l'art. 377 qui la posait a été modifié par une loi du 14 juin 1854, dont voici les termes : « Sont réputés voyages de long cours ceux qui se font au delà des limites ci-après déterminées : au sud, le 30ᵉ degré de latitude nord ; au nord, le 72ᵉ degré de latitude nord ; à l'ouest, le 15ᵉ degré de longitude du méridien de Paris ; à l'est, le 44ᵉ degré de longitude du méridien de Paris. »

Le point de départ du délai sera le jour où le navire a fait voile, si l'on n'en a depuis reçu aucunes nouvelles, et dans le cas contraire le jour auquel remontent les dernières nouvelles.

L'art. 383 pose en règle générale que l'assuré avant de pouvoir délaisser devra faire la preuve du chargement et celle de la perte. La première étant parfaitement possible au cas dont nous nous occupons, on devra, sauf peut-être certaines modifications, se conformer à cette règle que nous aurons à étudier ; mais la seconde ne pourra évidemment pas être exigée de l'assuré, puisque la présomption légale de perte attachée au défaut de nouvelles a eu justement pour but de l'en dispenser vu son impossibilité. Mais alors quelle preuve l'assuré aura-t-il à administrer pour remplacer celle de la perte ? Le silence de l'ordonnance sur ce point avait donné lieu à de nombreuses difficultés ; mais le Code a résolu formellement cette question, en décidant que l'assuré n'aura qu'à déclarer qu'il n'a reçu aucune nouvelle de son navire pendant le délai légal, et que cette simple affirmation devra être admise, à moins que les assureurs n'en démontrent la fausseté. Ils pourront le faire en établissant que soit l'assuré, soit toute autre personne a eu des nouvelles du navire ; ils pourront même opposer qu'ils en ont reçues eux-mêmes si ces nouvelles ont un caractère sinon d'authenticité au moins de grande vraisemblance. On doit, du reste, entendre par nouvelles du navire tout ce qui peut en constater ou en faire présumer l'existence, car le défaut de nouvelles étant une présomption de perte ne peut donner ouverture au délaissement dès qu'elle est affaiblie par un fait quelconque.

Ajoutons que de ce que l'assuré doit prouver que le délai légal s'est écoulé résulte pour lui l'obligation d'établir le départ du navire, surtout s'il a eu lieu d'un port éloigné. Cette preuve pourra être faite par toute espèce de moyens, et par exemple par témoins ou au moyen d'annonces de journaux. La Cour d'Aix a même admis (25 mars 1835) que le départ était établi par la charte partie et les connaissements qui ne prouvent pourtant que l'affrétement et le chargement, en se fondant sur ce que le navire, étant dans l'espèce destiné à faire la contrebande en pays étranger, avait dû prendre toutes les précautions possibles pour cacher son départ. Cet arrêt a, il est vrai, été cassé ; mais ce point n'ayant pas même été contesté en cassation, on peut en conclure que les assureurs admettaient ce principe.

L'ordonnance de 1681 n'avait pas prévu le cas où le défaut de nouvelles se produit pour un navire qui n'a été assuré que pour un temps limité. De là surgirent bien des discussions pour fixer à quelle époque on devrait présumer que le navire s'était perdu, et par suite pour décider qui devrait supporter la perte. Emérigon, nous dit à ce sujet que deux arrêts du Parlement d'Aix avaient décidé que l'assuré ne pouvait en ce cas délaisser qu'à condition de prouver que la perte avait eu lieu pendant la durée du risque. Mais ils furent cassés par décision du Conseil, qui se rangea à l'avis soutenu par Emérigon lui-même, Valin et Pothier, en obligeant les assureurs à payer la somme par eux souscrite, à moins qu'ils ne pussent établir que le navire n'était pas perdu au moment où le risque avait pris fin. Ce système se fonde d'abord sur la règle : *reus in excipiendo fit actor*, et ensuite sur cette considération qu'il y a lieu d'appliquer au navire dont on n'a pas de nouvelles la même présomption qu'à l'absent et par suite de le considérer comme perdu le jour de son départ ou de ses dernières nouvelles. C'est cette présomption que le Code a consacrée législativement en ces termes : la perte est présumée arrivée dans le temps de l'assurance. Si ces expressions sont peu claires on est d'accord néanmoins sur l'idée, aussi non-seulement applique-t-on l'art. 376 à la question que nous venons de voir pour la décider, comme l'avait fait le Conseil, mais encore le considère-t-on comme ayant aussi résolu la question suivante : si, dans l'hypothèse d'une assurance faite à temps, une seconde assurance a été souscrite pour courir à dater de l'expiration de la première, auquel des assureurs devra-t-on délaisser si l'on ne reçoit pas de nouvelles du navire ? Il résulte en effet de la présomption contenue dans l'art. 376 que le navire est réputé péri le jour de son départ et par suite que la perte incombera au premier assureur, à moins qu'il ne prouve qu'elle a été postérieure au jour où son risque a cessé de courir. Que si du reste, cette preuve lui devient possible après qu'il aura payé, ce premier assureur pourra, en l'administrant, réclamer le prix par lui payé ; mais alors l'assuré pourra recourir contre le second assureur, même si l'on se trouve avoir dépassé les délais de l'art. 373. Jusqu'au jour en effet où l'assuré a dû restituer au premier assureur ce qu'il en avait reçu, il s'est trouvé dans une impossibilité de droit d'agir contre le second et par suite la prescription n'a pu courir contre lui.

Cette présomption de l'art. 376 va nous servir encore à établir une solution vivement controversée et que nous avons cru devoir rejeter après l'étude de cet article. La dispense de prouver la perte, que l'art. 375 accorde à l'assuré en cas de défaut de nouvelles et que nous avons étudiée ci-dessus, ne doit pas, croyons-nous, s'appliquer au cas où le contrat d'assurance a été fait après le départ et porté que les risques ne courront pour l'assureur qu'à compter du jour de la signature de la police. Il faudra en ce cas que l'assuré, pour pouvoir délaisser par suite de défaut de nouvelles, établisse que le navire existait encore au moment du contrat. Cette théorie est combattue par M. Bédarride, qui arguë d'abord de ce que forcer l'assuré à administrer cette preuve c'est empêcher le plus souvent dans ce cas le délaissement ponr défaut de nouvelles. Il ajoute que, d'après l'art. 376, la perte doit être présumée arrivée dans le temps du risque et se fonde enfin sur ce que le système qu'il attaque viole la maxime : *reus in excipiendo fit actor*. Ces arguments ne nous semblent pas bien convaincants.

Nous répondrons d'abord que s'il y a un grand inconvénient pour l'assuré à être contraint de faire la preuve, cette obligation résulte de la stipulation qu'il a consentie, que le risque ne courrait qu'à dater du jour du contrat, stipulation qui ne peut avoir d'autre sens que celui de ne pas rendre l'assureur responsable d'un événement antérieur à cette date. Or, nous n'hésitons pas à dire que dans le cas de défaut de nouvelles, la perte doit être présumée antérieure à ce contrat, puisque l'art. 376 a voulu établir, comme l'avait fait l'ancien droit, que le navire, à l'exemple de l'absent, sera présumé perdu à la date de son départ ou de ses dernières nouvelles. Ce qui prouve que c'est bien là le sens des mots : la perte sera présumée arrivée dans le temps de l'assurance, c'est la solution qu'on en tire au cas où le navire a été garanti par deux assurances successives, solution qui ne peut s'expliquer autrement.

On ne peut donc pas dans notre espèce charger l'assureur d'une perte qui sera présumée antérieure au contrat, à moins que l'assuré n'établisse le contraire. Quant à la maxime : *reus in excipiendo fit actor*, elle ne peut être opposée à l'assureur, lequel, pour fonder son exception, n'aura qu'à invoquer la présomption même de l'art. 376 que l'assuré ne pourra repousser que par la preuve que la perte a été en fait postérieure au jour du contrat.

Le Code a encore comblé une lacune qui existait dans l'ordonnance, en décidant que l'assuré, qui ne peut agir qu'après l'expiration du délai nécessaire pour que la présomption de perte existe, sera, quant à la durée de l'action qui naîtra pour lui à ce moment, soumis à la règle générale de l'art. 373, que nous aurons à étudier dans une autre partie de ce travail. Valin avait déjà posé ce principe malgré le silence de l'ordonnance. Il est bien évident que si après l'expiration du délai de l'art. 373, l'assuré acquiert la preuve de la perte de son navire, il pourra délaisser en vertu de cette dernière cause. Ce qui est prescrit, c'est seulement le droit de délaisser pour défaut de nouvelles.

Il semble au premier abord qu'on ne pourra plus faire valablement assurer un navire lorsque, depuis les dernières nouvelles qu'on en a reçues, il s'est écoulé un délai suffisant pour qu'on pût le délaisser pour ce motif s'il eût été assuré; car il paraît absurde que la loi permette de garantir de tous risques un objet qu'elle présume perdu. Mais si l'on considère qu'une présomption laisse toujours subsister une incertitude et que par suite son seul effet est d'augmenter considérablement le risque, on admettra, comme l'a fait la doctrine, que l'assureur peut se soumettre à ce risque, quelque considérable qu'il soit, puisqu'il existera en sa faveur cette chance que la présomption de la loi soit dans ce cas contraire à la vérité. Seulement il faudra que la police mentionne cette aggravation du risque pour qu'on ait le droit de supposer que l'assureur s'y est soumis.

Cette solution fait naître une difficulté sur le point de savoir à quelles conditions le défaut de nouvelles permettra de délaisser en pareil cas.

On ne peut contester cette faculté à l'assuré sans rendre le contrat presque inutile pour lui, car l'hypothèse la plus probable est que la présomption de la loi sera conforme à la vérité et que nulle nouvelle du navire assuré ne parviendra : le doute porte donc seulement sur le moment où ce délaissement pour défaut de nouvelles pourra être signifié. L'expiration des délais fixés par la loi de 1862 ne saurait être suffisante, car alors l'assuré pourrait délaisser aussitôt la police signée, ce qui serait absurde et d'ailleurs contraire à cette idée que l'assuré, en souscrivant une assurance après les délais légaux, a nécessairement renoncé à se prévaloir du temps écoulé jusque là. Nous croyons que dans notre espèce le défaut de nouvelles ne donnera droit au délaissement que lorsqu'il se sera écoulé, sans nouvelles et depuis le contrat, un délai égal à celui qu'exige la loi.

Ainsi se trouve terminée l'étude des cas où la loi accorde à l'assuré le droit de délaisser, au lieu de se faire indemniser par la voie ordinaire de l'action d'avarie. L'application des règles du Code donne naissance, nous l'avons vu, à de nombreuses difficultés; aussi les parties y dérogent-elles souvent par des conventions spéciales.

Leur liberté à cet égard est entière, et l'art. 369 n'est applicable que si les parties n'ont pas stipulé le contraire. Les clauses les plus ordinaires sur ces points consistent à restreindre la possibilité de délaisser au cas d'innavigabilité arrivée par fortune de mer s'il s'agit d'une assurance sur corps et au cas de perte ou détérioration des trois quarts au moins si l'assurance porte sur facultés. Il faut ajouter à ces cas le défaut de nouvelles, car l'art. 375 n'est jamais rejeté par les contractants, quoique ces délais soient en général réduits, surtout pour la navigation à vapeur.

CHAPITRE IV.

DES OBLIGATIONS DE L'ASSURÉ.

Pour exercer utilement l'action en délaissement l'assuré, qui se trouve dans un des cas où elle lui est ouverte, a diverses obligations à remplir. Sans parler de la signification du délaissement qu'il doit faire, et dont nous aurons à étudier plus loin les formes et les délais, ce qui nous amènera naturellement à expliquer l'obligation que contient l'art. 379, l'assuré est tenu à certaines justifications pour établir son droit au payement. Ainsi il doit prouver : 1° que l'objet assuré a couru un risque, car c'est là une condition essentielle du contrat ; 2° qu'il était propriétaire de cet objet ou du moins qu'il en représente le propriétaire, son action sans cela n'aurait pas de cause, car son intérêt n'aurait pas été lésé; 3° que cet objet a supporté un de ces sinistres qui donnent ouverture au délaissement, et, par suite, qu'il a droit à un payement intégral. Ce sont ces justifications que nous allons étudier, après avoir expliqué l'art. 374 qui crée pour l'assuré un devoir tout particulier; nous chercherons ensuite quelles obligations la loi impose en outre à cet assuré dans certains cas spéciaux de délaissement.

§ 1er. — *Explication de l'art. 374.*

C'est l'assuré qui est en général le premier à recevoir avis des événements de mer et pourtant l'assureur, qui doit en définitive répondre des dommages qu'ils ont pu causer, a autant d'intérêt que lui à les connaître au plus tôt, pour prendre toutes les mesures commandées par la situation. Aussi notre article ordonne-t-il à l'assuré de notifier à son assureur dans les trois jours de leur réception tous les avis qui lui parviennent et qui concernent des accidents à la charge de cet assureur. Il semble résulter de cette restriction que si l'assurance a été faite avec franchise d'avaries, l'assuré ne devra pas notifier les avaries que pourra éprouver l'objet assuré : ce serait-là de sa part une imprudence, surtout si l'avarie est considérable, car il est bien difficile de préciser les conséquences d'une avarie au moment où elle se produit, et si après avoir paru légère elle entraîne l'innavigabilité du navire ou une perte des trois quarts de la cargaison, elle tombera à la charge des assureurs, qui auront droit de se plaindre de la violation de l'art. 374.

On peut objecter, il est vrai, que c'est là un danger sans gravité pour l'assuré, puisque sa négligence n'empêchera pas son délaissement d'être recevable : cela est exact, mais il ne faut pas en conclure qu'il n'y ait pas de sanction à l'obligation dont nous nous occupons. Nous croyons, en effet, avec la cour de Rennes (26 juillet 1819) que toutes les fois que le silence de l'assuré aura causé un préjudice à l'assureur, celui-ci pourra obtenir des tribunaux des dommages-intérêts pour violation de notre article, et leur décision sur ce point ne pourrait donner ouverture à un recours en cassation puisqu'elle serait rendue en fait. De ce que la seule sanction de notre article consiste dans la possibilité pour l'assureur de se faire accorder des dommages-intérêts, il résulte que l'assuré peut sans inconvénient ne pas notifier les avis dont cet assureur ne saurait tirer aucun profit. C'est ce qui arrivera, par exemple, lorsque la nouvelle parviendra à l'assuré trop tard pour qu'une intervention puisse être utile. Aussi voyons-nous cette même Cour de Rennes décider que le silence gardé par l'assuré ne peut être puni lorsqu'il a appris le naufrage par le retour de l'équipage. La Cour de Cassation rejeta, le 3 juillet 1839, le pourvoi formé contre cette décision, et nous pensons que cette jurisprudence est une conséquence forcée des principes que nous avons exposés.

On ne peut évidemment pas rendre l'assuré responsable de ce qu'il aura négligé de transmettre un avis quelque peu fondé qu'il parût être ; mais alors il y a lieu de se demander quels caractères devra avoir l'avis reçu pour que l'art. 374 s'y applique. M. Pardessus enseigne que lorsqu'il a pu rester à l'assuré quelque doute sur la vérité de la nouvelle on doit l'excuser de ne l'avoir pas transmise. « En un mot, dit-il, toutes les fois que l'assuré n'a pas eu les nouvelles par des avis directs du capitaine, ou par des pièces dignes de confiance ou qu'il n'a pas fait lui-même des actes annonçant qu'il les a considérées comme certaines, il est facilement excusé. Dans le doute le serment peut lui être déféré par l'assureur ou par le juge. » Nous ne pouvons admettre ce système, qui laisse trop de latitude à l'assuré pour éviter les conséquences d'un silence peut être calculé, en se retranchant derrière sa bonne foi, et en vertu duquel il peut se faire de son inaction, seule cause peut-être de l'aggravation du sinistre, un moyen d'échapper à des dommages-intérêts. Il nous paraît bien plus sage de suivre la doctrine professée par Valin et Pothier et d'obliger l'assuré à signifier l'avis de quelque part qu'il émane pourvu qu'il présente des apparences suffisantes de certitude et de vérité. Le tribunal qui, avons-nous dit, statue souverainement sur les dommages-intérêts, aura à apprécier si l'avis reçu présentait ces apparences. Que si l'on objecte que cette doctrine poussera l'assuré à faire des notifications inutiles, nous répondrons que comme l'art. 378 porte formellement que l'assuré, loin d'être forcé d'y joindre la signification de son délaissement, pourra se borner à réserver son droit de délaisser dans les délais légaux, ces notifications inutiles ne lui causeront qu'une perte de temps et encore fort légère : c'est là un inconvénient bien faible si on le compare au danger de fraude qu'offre le système de M. Pardessus.

Quant au délai dans lequel cette notification doit être faite, l'ordonnance de 1681 portait qu'elle aurait lieu incontinent, c'est-à-dire dans les 24 heures, d'après Valin et Pothier ; aujourd'hui ce délai est de trois jours, à dater de la réception de la nouvelle par l'assuré, moment que l'assureur pourra déterminer par toutes espèces de preuves. L'inobservation de ce délai n'aura, comme l'absence de notification, d'autre sanction que la possibilité pour l'assureur d'obtenir des dommages-intérêts si le retard lui a causé un préjudice.

En ce qui touche la forme, bien que l'art. 374 semble exiger une signification faite pur huissier, il faut reconnaître que toute autre forme de notification serait suffisante pourvu que l'assuré puisse prouver qu'elle est parvenue à l'assureur. Cette preuve résultera de l'acte même de l'huissier, si son ministère a été requis, et dans le cas contraire, l'assuré l'obtiendra par une déclaration écrite dans laquelle l'assureur reconnaîtra avoir reçu la notification exigée par la loi ; l'assuré ne pourrait en administrer la preuve par témoins. Il faut, dans tous les cas, que la notification soit adressée par une partie à l'autre ; il ne peut suffire que l'assuré aille déclarer l'avis qu'il a reçu à la Chambre de commerce et signe le procès-verbal de cette déclaration portée sur un registre spécial, comme on le fait dans quelques places maritimes : ce moyen ne serait valable que si cela avait été stipulé dans le contrat.

§ 2. — *Des justifications que doit faire l'assuré.*
(Art. 383.)

Nous avons dit que l'assuré doit prouver le risque, son intérêt, enfin le sinistre majeur.

Quant au premier point, l'assuré, s'il s'agit d'une assurance sur corps, prouvera suffisamment que le voyage a été entrepris par le lieu même du sinistre et la notoriété, qui entoure presque toujours le départ d'un navire. Il pourrait d'ailleurs l'établir directement, si cela devenait nécessaire, au moyen des expéditions délivrées au navire, de ses connaissements et enfin de son journal de bord. Quant à son intérêt, l'assuré le prouvera par l'acte de francisation du navire et s'il n'a pas agi pour son propre compte, il démontrera de même le droit du vrai propriétaire et exhibera le mandat qu'il en avait reçu.

Si l'assurance porte sur des facultés, c'est par le connaissement que l'assuré établira à la fois que les objets ont été chargés et qu'il en est le propriétaire, ou qu'il le représente.

Il n'y a pas à distinguer si la police et le connaissement énoncent le même nom ou si la police dit seulement que l'assurance est faite pour compte de qui il appartiendra. En effet, la police pour compte peut être invoquée par toute personne indiquée dans le connaissement pourvu qu'il y ait concordance entre les marchandises désignées dans ces deux actes ou plus exactement pourvu qu'il n'y ait pas entre eux discordance sur ce point. Celui qui réunit dans ses mains ces deux actes est réputé être à la fois l'assuré et le propriétaire des marchandises ou du moins son représentant, puisque la Cour de Cassation a jugé (2 février 1857) que lorsque ces deux pièces leur sont fournies, les assureurs n'ont pas qualité pour s'enquérir des rapports qui ont pu exister entre le propriétaire et le commissionnaire qui a figuré dans l'assurance.

Le connaissement est donc la meilleure preuve que l'assuré puisse fournir et du risque et de son intérêt, mais ce n'est pas la seule. Ce principe, déjà admis dans l'ancien droit, ressort des mots : les actes justificatifs..., qu'emploie l'art. 383. L'assuré invoquera, par exemple, à titre de preuve, des expéditions du bureau des douanes, le manifeste, des attestations émanant du capitaine ou à son défaut des officiers ou marins du bord. Les juges auront une pleine liberté pour apprécier si les circonstances et les actes invoqués suffisent à établir les droits de l'assuré, et leur décision ne pourra pas être cassée par la Cour suprême (Cassation, 25 mars 1835). Nous devons ajouter toutefois que les assureurs peuvent, en vertu de l'art. 384, contester les énonciations contenues dans le connaissement lui-même, car ce n'est qu'une reconnaissance donnée par le capitaine au chargeur. Ils auront le droit d'en établir la fausseté non-seulement par témoins, mais encore par de simples présomptions (Cassation, 15 février 1826). L'assuré au contraire doit en admettre les énonciations puisque c'est en quelque sorte son ouvrage.

Il y a des cas exceptionnels où le connaissement fait dans les formes ordinaires ne suffit pas à établir le chargement. Nous en trouvons un dans l'art. 344, qui décide que si les facultés appartiennent au capitaine, celui-ci, ne pouvant pas se créer une preuve à lui-même, devra en justifier l'achat et s'en faire signer un connaissement par deux des principaux de l'équipage pour établir qu'elles ont été chargées. De même l'art. 345 exige que s'il s'agit de marchandises assurées en France et apportées de l'étranger, dont les chargeurs sont des passagers ou des gens de l'équipage, l'embarquement n'en puisse être prouvé que par un connaissement laissé au lieu de départ entre les mains du consul de France, d'un Français notable négociant, ou du magistrat du lieu : la loi a pu craindre en ce cas une collusion entre le chargeur et le capitaine.

Une fois que la preuve du chargement a été faite, c'est à l'assureur à établir que les marchandises ne se trouvaient plus à bord lors du sinistre s'il élève cette prétention, car le contraire est présumé jusque-là.

Après avoir étudié l'obligation que la loi impose à l'assuré de justifier l'existence du risque et l'intérêt de son action, en établissant le chargement, il nous reste à voir si elle peut être remise à l'assuré par le contrat. C'est un point vivement contesté aujourd'hui comme il l'était déjà sous l'empire de l'ordonnance de 1681, car Emérigon soutenait la légalité de cette clause attaquée par Valin et Pothier. L'avis d'Emérigon est reproduit de nos jours par M. Dalloz, qui arguë d'abord de ce que la clause en question dispense non pas d'effectuer en réalité le chargement, ce qui ferait dégénérer l'assurance en une gageure prohibée, mais bien de la nécessité de le prouver. Or il n'y a rien d'illicite à ce que l'une des parties s'en remette à la foi de l'autre, alors surtout qu'elle n'y sera pas tout à fait livrée, puisque l'assureur pourra déférer le serment à son adversaire et même prouver sa fraude. (En effet ce système annule la clause par laquelle l'assureur renoncerait au droit de prouver que le chargement n'a pas été en fait effectué.) Par quel motif peut-on donc prohiber une clause presque nécessaire dans les cas nombreux où il y a difficulté extrême de prouver le chargement? Tout le monde admet cette convention dans le cas où l'on fait assurer un navire pris par un corsaire, et la Cour de Bordeaux (12 janvier 1834) en reconnaît la légalité, lorsque l'assurance porte sur les vivres et provisions du navire ; pourquoi ne pas étendre ce principe à tous les cas?— M. Dalloz apporte pourtant cette restriction à sa doctrine que le plus souvent cette clause ne produira pas d'effet si l'assuré est tombé en faillite.

Ce système nous paraît devoir être repoussé par ce motif que la justification du chargement est de l'essence du contrat d'assurance, qui, sans elle, dégénérerait en une véritable gageure prohibée par le Code : l'assureur qui aurait consenti la clause que nous combattons serait en effet livré à la foi de l'assuré, car le droit de prouver la fraude qu'on lui réserve serait le plus souvent illusoire. Ses partisans ne peuvent pas, ce semble, le contester puisqu'ils admettent que la preuve du chargement peut être presque impossible et qu'il est certain que la preuve du non chargement est bien plus difficile à administrer par cela seul qu'elle tend à établir un fait négatif. Reste la ressource du serment, mais il nous paraît fort douteux que la clause dont nous parlons puisse en permettre la délation puisqu'elle dispense de toute justification et que le serment en est une évidemment. Il faut donc bien reconnaître qu'en fait, dispenser l'assuré de prouver le chargement c'est le dispenser de l'effectuer, s'il est de mauvaise foi, et par suite permettre d'arriver indirectement à faire du contrat une gageure, ce que le Code prohibe formellement. Quant à l'argument tiré de la légalité de cette clause en cas d'assurance portant sur une prise, il tombe devant cette remarque que le capteur se trouve dans une position tout à fait exceptionnelle puisque ce n'est pas lui qui a effectué le chargement. On peut aussi répondre à l'arrêt de la Cour de Bordeaux que son motif se trouve dans ce fait que l'assurance sur vivres et provisions est assimilée non pas à une assurance sur facultés, mais bien à une assurance sur corps qui n'exige d'autre preuve que celle du départ du navire : c'est qu'en effet la preuve que le navire était pourvu de vivres résulte de ce qu'il a pu commencer son voyage. Il n'y a pas de raison pour étendre en dehors de ces deux cas spéciaux une clause qui, nous l'avons vu, peut permettre d'éluder la loi et qui n'a même pas l'avantage d'éviter des procès, puisqu'elle n'empêche pas l'assureur de prouver la fraude.

On ne doit pas conclure de là que les parties ne peuvent pas valablement évaluer dans la police les objets assurés, parce que la valeur qu'elles leur donnent peut être exagérée. Cette faculté est parfaitement distincte de celle que nous venons de refuser aux parties, car en dehors de l'avantage énorme qu'elle présente de déterminer d'avance l'étendue des obligations des parties, elle a celui de ne pas livrer complètement l'assureur à la bonne foi de l'assuré. Il sera bien plus facile d'établir le prix réel des objets assurés par des factures ou des cours publics, que de prouver qu'ils n'ont pas été chargés. Mais on doit, en vertu du principe d'illégalité de la clause que nous avons combattue, annuler celle qui permettrait à un prêteur à la grosse, qui fait assurer son prêt, de ne pas justifier le chargement, car, ainsi que le dit Valin, les raisons de décider sont les mêmes.

Il semble qu'il en devrait être de même de la convention intervenue en cas de réassurance et portant que le réassuré sera payé sans avoir à fournir d'autre preuve que la quittance de son propre assuré, mais c'est là une fausse apparence. Par cette clause, comme le fait avec raison remarquer Emérigon, le réassureur constitue l'assureur procureur *in rem suam* et lui donne liberté pleine et entière de défendre vis-à-vis de l'assuré ses propres droits à lui réassureur ; il ne peut donc plus, par suite de cette procuration, opposer aucune exception pour se dispenser de rembourser, sur le vu de la quittance de l'assuré, ce qui a été payé sans fraude à celui-ci.

A la preuve du chargé et de sa propriété l'assuré doit joindre celle de la valeur des objets assurés ; il peut la faire en invoquant l'évaluation portée dans la police même et qui est valable, nous venons de le voir, jusqu'à preuve contraire, ou en employant les modes que prescrit l'art. 339. Si la valeur à établir est celle du navire on doit, si elle n'a pas été déterminée d'avance par les parties, suivre les règles de l'art. 10 de la déclaration de 1779, c'est-à-dire se baser sur les pièces qui en constatent l'achat, sur le montant des mise-hors de l'armateur et l'état constaté par les procès-verbaux de visite.

La dernière justification que doit fournir l'assuré est celle de la perte ; elle est nécessaire pour établir d'abord que cette perte a eu lieu par suite d'un fait dont l'assureur répond, et ensuite qu'il s'agit d'un fait qui donne ouverture au délaissement; si la première de ces preuves n'était pas fournie, aucune action ne serait ouverte à l'assuré; si c'était la seconde, l'assuré devrait, en vertu de l'art. 371, employer l'action d'avarie. Cette justification se fait de diverses manières, selon la nature du sinistre arrivé. Le plus souvent on doit se contenter des témoignages du capitaine, des officiers et de l'équipage, aussi la loi a-t-elle pris toutes les mesures possibles pour en garantir la sincérité. Les moyens qu'elle emploie dans ce but consistent à ordonner au capitaine de tenir un registre des événements du bord, et d'en faire devant un magistrat ou un officier public un rapport affirmé par lui et corroboré par les témoignages des gens de l'équipage et des passagers, non-seulement dans le port de destination du navire ou dans celui qui est le plus rapproché du lieu du sinistre, mais encore dans tous les lieux de relâche. Ce rapport, qui se nomme consulat dans la Méditerranée et est soumis à certaines formes par les articles 224 et 242 à 247, sert en général à prouver la perte, ainsi que nous le verrons en examinant successivement les divers cas qui donnent ouverture au délaissement. Il fait foi contre l'assureur jusqu'à preuve contraire et enlève à l'assuré le droit d'invoquer d'autres accidents que ceux qu'il mentionne.

Dans le cas de prise la loi n'a déterminé aucun mode spécial de preuve afin de laisser toute latitude à l'assuré; les juges apprécieront si les documents qui leur sont fournis prouvent suffisamment le droit de l'assuré à délaisser. Ainsi le tribunal de Marseille (1er octobre 1823), a admis qu'une simple lettre du capitaine autorisait une condamnation provisoire de l'assureur; quant au payement définitif, ce même tribunal a décidé (17 septembre 1828) qu'avant de l'ordonner on devait exiger l'apport du consulat du capitaine, s'il était possible.

Le naufrage et l'échouement avec bris se prouvent en général par le consulat, le livre de bord, les attestations de l'équipage ou les procès-verbaux des autorités qui ont dirigé le sauvetage. Mais l'absence ou l'irrégularité de ces moyens de preuve ne rendrait pas non recevable la demande en délaissement. La Cour de Cassation a admis par exemple que le rapport du capitaine peut prouver un de ces sinistres bien qu'il ait été fait après les délais légaux (1er septembre 1813), et la Cour de Rennes, qu'il peut être remplacé par un acte déclaratif du sinistre fait dans un lieu autre que celui déterminé par la loi. Le tribunal de Marseille a même décidé (31 octobre 1823) que l'avis d'un consul à une chambre de commerce, annonçant : 1° la perte d'un navire présumé français ; 2° le sauvetage d'effets portant le nom d'un bâtiment français, de son capitaine et de ses affréteurs, est une preuve suffisante du naufrage. En un mot, la pensée de la loi a été de reproduire cette pensée d'Émérigon qu'il suffit de constater la perte d'une manière capable de convaincre tout homme raisonnable. Il est, du reste, bien entendu que l'assureur pourra toujours contester la teneur des pièces produites pour établir le sinistre, quelles qu'elles puissent être.

Si l'on se trouve dans un cas d'innavigabilité, l'assuré en démontrera l'existence par l'apport des documents qui l'ont constatée et dont la régularité est nécessaire pour que le délaissement soit valable, à moins

qu'il n'y ait eu impossibilité de suivre les prescriptions
de la loi par suite du lieu où se trouvait le navire. Cette
preuve ne sera pas suffisante, car pour que l'assureur soit
tenu des suites de l'innavigabilité, il faut qu'elle ait eu
lieu par fortune de mer. Nous avons déjà vu quelles
règles on doit suivre pour établir ce point; nous nous
contenterons donc de les rappeler brièvement. Si l'assuré
rapporte le certificat de visite exigé par la loi on présume jusqu'à preuve contraire qu'il y a eu fortune de
mer; s'il ne le rapporte pas on présume au contraire
qu'il y a eu vice propre. Comme ce certificat n'est obligatoire que pour les voyages au long cours, on doit, s'il
s'agit d'un navire caboteur, supposer dans tous les cas,
jusqu'à preuve contraire, qu'il était en bon état. De
même, si le navire est étranger, la Cour de Cassation a
décidé que l'assuré ne sera tenu de prouver son bon
état que par les modes usités à son port de départ.

Ces présomptions sont applicables que l'assurance
porte sur le corps ou sur les facultés; toutefois, dans ce
dernier cas, les parties conviennent souvent que la
preuve de l'état de navigabilité du navire n'incombera
pas à l'assuré; clause qui ne sera pas valable si le
chargeur est en même temps propriétaire du navire
(Cassation, 29 juin 1836). Mais on peut se demander si
l'assuré devra justifier que son navire a été visité dans
les cas de délaissement autres que celui d'innavigabilité.
La Cour de Cassation a admis la négative le 25 mars 1806,
c'est-à-dire avant la rédaction du Code de commerce.
Elle s'est fondée sur ce que le procès-verbal de visite n'a
été exigé par la déclaration de 1779 que dans le cas
d'innavigabilité, ce qui se comprend du reste, car c'est

celui où l'on peut surtout imputer la cause du délaissement au vice propre du navire. Comme cette raison de distinguer est toujours vraie et que la déclaration de 1779, n'ayant pas été abrogée sur ce point par le Code, doit être regardée comme encore en vigueur, il faut, croyons-nous, s'en tenir encore aujourd'hui à la doctrine de la Cour de Cassation.

Quant à l'arrêt de prince l'assuré l'établit en produisant l'ordre de l'autorité française ou étrangère qui l'a prononcé.

La preuve de la perte ou détérioration des trois quarts résulte de la comparaison, soit des quantités chargées avec celles arrivées, soit de la valeur des marchandises à l'état sain et à l'état d'avarie déterminée d'après les règles que nous avons étudiées sur ce cas de délaissement.

Nous avons posé aussi en principe que l'art. 383 recevait une exception nécessaire sur ce point dans le cas de défaut de nouvelles et que l'assuré n'aura dans cette hypothèse qu'à établir le chargement et l'existence du risque.

L'art. 384 établit pour l'assureur le droit d'opposer la preuve contraire à toutes les pièces que l'assuré produit pour fournir les justifications que la loi exige. Cette règle est générale, bien que M. Locré ait voulu conclure du mot *attestations*, employé par notre article, qu'elle ne pouvait s'appliquer à certains modes de preuve, et par exemple qu'on ne pourrait admettre les assureurs à contester les énonciations contenues dans un connaissement fait en bonne forme, dans des livres ou factures et dans des expéditions prises en douane. Ce système est repoussé par la doctrine et la jurisprudence. Ainsi, en ce qui concerne le connaissement, nous avons vu que la Cour de Cassation (15 février 1826) a déclaré que ce n'est qu'une reconnaissance fournie par le capitaine au chargeur, et que, par suite, il ne peut faire contre l'assureur qui y est resté étranger une foi si entière que celui-ci ne puisse en prouver la fausseté. Ceci s'applique, à plus forte raison, aux livres et factures, car ils présentent encore moins de garantie. Quant aux expéditions prises en douane, la loi du 9 floréal de l'an VII n'accorde aux actes et procès-verbaux des employés des douanes foi jusqu'à inscription de faux qu'en ce qui regarde les contraventions ou infractions aux prohibitions établies par les lois dans l'intérêt de l'Etat; on ne peut donc, en dehors de ces cas, refuser d'admettre contre eux la preuve contraire (Cassation, 4 août 1829.).

Toutefois, ce droit de faire tomber par la preuve contraire les pièces justificatives présentées par l'assuré, peut recevoir certaines exceptions. Ainsi, les juges peuvent refuser à l'assureur le droit d'administrer cette preuve si elle ne repose sur aucune base sérieuse; c'est ce qui arriverait par exemple si celui-ci demandait à la fournir après un long procès qui a prouvé la valeur des pièces produites (Aix, 13 novembre 1825), ou s'il faisait cette demande en appel après avoir jusqu'alors contesté seulement la force probante et non pas la vérité de ces pièces (Aix, 16 juillet 1825). Mais ce sont là de pures questions de fait et les décisions qui seraient rendues sur ce point ne pourraient pas, croyons-nous, donner ouverture à un pourvoi en cassation.

Ajoutons que la loi, pour éviter que l'assureur ne contestât les attestations produites sans motif et dans le seul but de retarder le payement, a décidé que le tribunal peut, en lui donnant un délai pour faire la preuve contraire, le condamner à payer provisoiremeut la somme assurée. Est-ce là, pour le tribunal, une faculté ou une obligation? Valin admettait que c'était là une simple faculté, bien que l'ordonnance employât des termes plus impératifs que le Code. Il faut aujourd'hui suivre la même doctrine et laisser aux juges, sur ce point, une liberté complète, car, ainsi que le dit fort bien la Cour de Douai dans un arrêt du 1er février 1841, si l'art. 384 accorde provision aux actes justificatifs de la perte, ce ne peut être que lorsque les faits consignés dans les attestations produites sont de nature à rendre vraisemblable la justice de la demande en payement. La décision du tribunal, sur ce point, sera susceptible d'appel, bien que le fond ne soit pas vidé (Aix, 8 décembre 1835.). Du reste, la loi n'a pas voulu que ce payement provisoire fût préjudiciable aux assureurs, aussi ne l'ordonne-t-elle que sous condition, pour l'assuré, de fournir une caution qui garantisse la restitution de la somme si la preuve contraire est fournie. L'engagement pris par cette caution sera éteint lorsque quatre années se seront écoulées sans poursuites à compter du jour de sa soumission.

§ 3. — *Des obligations de l'assuré dans certains cas spéciaux.*

Outre les obligations que nous avons énumérées et

qui sont imposées à l'assuré toutes les fois qu'il veut délaisser; la loi, dans certains cas, lui en prescrit de spéciales que nous allons étudier; nous joindrons à cette étude l'examen des obligations que le Code a, dans les mêmes cas, mises à la charge d'autres personnes et par exemple du capitaine.

Prise (art. 395 et 396). — La prise étant, d'après le droit des gens, translative de propriété, le capteur peut ou bien garder les objets qu'elle lui a procurés, et c'est là ce qui a lieu en fait le plus souvent, ou bien restituer moyennant un prix appelé rançon à l'ancien propriétaire le droit qu'il a acquis. Quel que soit le parti qu'il prenne, le capteur doit faire approuver sa prise par un tribunal compétent, et si elle est déclarée illicite, rendre les objets ou la somme qu'il en a retirée. Nous n'avons rien à signaler de spécial au cas où le capteur s'approprie le fruit de sa prise, aussi nous bornerons-nous à étudier ce qui se passe quand il consent à rendre sa capture à l'ancien propriétaire, ou à la vendre à l'assureur moyennant une somme convenue. Ce contrat, que l'on nomme rachat, présente pour le capteur cet avantage, qu'il n'a plus à s'occuper de la conduite et de la garde de sa prise et ne court plus le danger de se la voir reprendre, et pour le capturé cet intérêt, qu'en vue de cet avantage le capteur lui permettra de racheter ses biens pour un prix inférieur à leur valeur. Il y aura donc pour le propriétaire des objets capturés un bénéfice pécuniaire lorsqu'il pourra obtenir du capteur de les racheter, au lieu d'en perdre la propriété; si donc il est assuré, l'équité ordonne qu'il le cède à son assureur, tenu de lui payer la valeur entière des objets assurés, car, sans cette cession, recevant de cet assureur la valeur réelle d'objets qu'il a pu racheter à un prix inférieur, il se trouverait bénéficier de toute la différence qui existerait entre les deux chiffres. C'est ce gain, si contraire à l'équité et à l'essence du contrat d'assurance, que nos deux articles ont voulu empêcher.

Le premier devoir de l'assuré est de donner le plus tôt possible avis de la prise à l'assureur, pour que celui-ci puisse prendre toutes les mesures qu'il jugera utiles et décider, par exemple, s'il désire traiter du rachat, soit par lui-même soit en donnant mandat de le faire à l'assuré. S'il obtient directement que le capteur lui cède son droit sur la prise, il devient irrévocablement propriétaire des objets capturés, sauf l'obligation de payer à l'assuré la somme par lui souscrite. L'assuré ne pourra donc que réclamer cette somme par la voie du délaissement, mais non exiger la restitution des objets qui lui ont été pris. La raison en est que l'assureur les a acquis du capteur, qui en était devenu, d'après le droit des gens, légitime propriétaire. Aucun doute ne peut exister sur ce point, mais on peut se demander si, à l'inverse, l'assuré n'aura pas le droit de réclamer la somme souscrite, bien que l'assureur lui offre de lui restituer les objets capturés dont il est devenu propriétaire et de continuer à les garantir en vertu du contrat primitif. Cette question est vivement débattue, et nous allons examiner les deux systèmes que l'on a proposés.

Pour soutenir l'affirmative que nous adoptons, on dit que le fait seul de la prise autorisant le délaissement, ce droit, ouvert en ce moment pour l'assuré, ne peut lui être enlevé par un fait postérieur étranger à la volonté des parties, ainsi que nous l'avons établi en réfutant l'opinion de MM. Pardessus et Delvincourt sur l'hypothèse où le navire est restitué à son propriétaire avant la notification du délaissement; mais alors il ne peut, à plus forte raison, lui être enlevé par un fait volontaire de l'autre partie. M. Bédarride, qui se prononce pour la négative, conteste la portée de cet argument, par ce motif que le droit de délaisser est éteint (art. 396) par l'acceptation que l'assureur fait de la composition, et qu'on doit raisonnablement attacher le même effet au rachat directement opéré par l'assureur qu'à celui que l'assuré a effectué comme son mandataire.

Nous croyons qu'il y a une raison bien forte pour ne pas attribuer à l'acte direct du mandant les mêmes conséquences qu'à celui du mandataire : comme l'assuré n'est pas obligé par la loi d'opérer le rachat, il s'expose volontairement, en l'effectuant, à la possibilité de perdre son droit de délaisser, si l'assureur ratifie ce qu'il a fait. C'est donc, par suite de son consentement, qu'il perd le droit qu'il avait acquis au moment de la prise, en vertu de l'art. 369. Dans notre espèce, au contraire, si on autorise l'assureur, qui a lui-même opéré le rachat, à se soustraire au payement de la somme assurée, en obligeant l'assuré à reprendre les objets capturés, on enlève à ce dernier un droit acquis, sans qu'il y ait renoncé en aucune façon. Les deux cas sont donc tout différents, et l'on comprend fort bien que la solution ne soit pas la même. M. Bédarride invoque encore des considérations tirées de l'esprit des art. 395 et 396; nous ne les examinerons pas, car, outre qu'elles pourraient être contestées, elles ne sauraient prévaloir contre le texte précis de l'art. 369, qui confère à l'assuré un droit qu'aucun fait postérieur ne peut lui faire perdre contre son gré, principe si général que la loi a cru devoir formellement s'exprimer, lorsqu'elle a voulu y déroger dans l'hypothèse de l'art. 396, parce que le fait d'avoir consenti au rachat est pour l'assuré une renonciation indirecte à son droit.

Si l'assureur prévenu donne mandat à l'assuré d'opérer le rachat, il n'y a pas de difficulté; la propriété est restituée à l'assuré, et le risque continue à courir dans les termes du contrat primitif; l'assureur se trouve seulement obligé de restituer à l'assuré la rançon qu'il a fournie.

L'assureur peut enfin, sur l'avis de la prise, déclarer qu'il refuse d'autoriser le rachat; l'assuré devient alors libre de l'effectuer pour son propre compte et d'agir en délaissement contre son assureur, qu'il soit ou non rentré dans la propriété des objets capturés.

En pratique, il sera le plus souvent impossible de consulter l'assureur sur le parti à prendre; l'offre que fait le capteur d'accepter une rançon doit en effet être admise sur-le-champ, car tout retard, en diminuant les chances de rescousse, et par suite l'avantage que ce contrat offre au capteur, aurait pour effet de rendre le rachat plus onéreux : aussi la loi donne-t-elle à l'assuré le droit de consentir à payer une rançon, sans avoir pris l'avis de l'assureur, sous la simple obligation de l'en prévenir le plus tôt possible. A la réception de cette nouvelle, l'assureur est investi d'un droit d'option bien naturel, car on ne pouvait le forcer à ratifier un contrat auquel il n'a pas été partie; l'art. 395 lui donne la faculté de prendre la composition à son compte, ou de renoncer au profit qu'elle pourra donner. Ce droit est remarquable en ce qu'il est contraire au principe que c'est l'assuré qui peut choisir l'action d'avarie ou celle en délaissement ; nous verrons, en effet, que ce sera l'une ou l'autre seulement de ces actions qui lui sera ouverte dans notre ypothèse, selon le parti que prendra l'assureur. Comme il ne faut pas que l'assuré reste trop longtemps dans l'incertitude sur les intentions de son assureur, celui-ci doit lui signifier le choix qu'il a fait dans les vingt-quatre heures qui suivent la notification du rachat, et, ce délai expiré, l'art. 396 le déclare déchu de tout droit à la composition. L'ordonnance de 1681 n'avait pas fixé de délai, ce qui donnait lieu à des retards très-préjudiciables.

Si une option est accordée à l'assureur, l'assuré, de son côté, n'est pas tenu de consentir au rachat qui lui est offert, car il ne saurait être forcé de faire un contrat qui pourra ou rester à sa charge, ou lui enlever le droit de délaisser dont la loi l'avait investi.

Après avoir étudié les deux partis que l'assureur peut prendre, il nous reste à en examiner les conséquences. S'il accepte la composition, il est tenu de contribuer au payement de la rançon, telle qu'elle a été fixée, en proportion de la valeur des objets rachetés qu'il avait assurés. Le contrat d'assurances ne prend pas fin, car l'assuré redevient propriétaire des objets assurés ; il a, il est vrai, subi un dommage, mais qui a été réparé par l'assureur. Les effets de cette ratification sont aujourd'hui bien définis, mais il n'en était pas de même sous l'empire de l'ordonnance. Pothier enseignait le système qu'a adopté le Code, tandis qu'Emérigon pensait que le rachat approuvé par l'assureur lui transmettait la propriété des objets assurés dont il supportait désormais les risques comme propriétaire et non pas comme assureur. D'après cette doctrine, le contrat prenait fin, malgré le rachat, et l'assuré, ne recouvrant pas la propriété des objets assurés, pouvait en réclamer le prix par l'action en délaissement. Par les mots : *Il continue à courir les risques conformément au contrat.....*, le Code a formellement repoussé cet avis, plus conforme aux principes du mandat, mais moins pratique que celui de Pothier.

Si, au contraire, l'assureur refuse de prendre le rachat à son compte, il est tenu de payer la somme assurée tout entière sur l'action en délaissement, et ne peut prétendre aucun droit sur les objets rachetés.

Cette décision de l'art. 396 déroge aux principes de notre matière, en ce que l'assuré pourra se faire payer le montant de l'assurance, tout en retenant la propriété des objets assurés. Le délaissement qu'il fera néanmoins en ce cas ne sera pas inutile, car il donnera à l'assureur le droit de reprendre la rançon, si la prise est plus tard déclarée injuste par l'autorité compétente.

Naufrage et échouement avec bris. — Dans ces deux cas il est de l'intérêt évident de l'assureur de soustraire au sinistre la plus grande partie possible des objets assurés, puisque le délaissement lui en transmettra la propriété. Aussi a-t-il le droit de prendre toutes les mesures nécessaires pour opérer le sauvetage, mais, comme elles requièrent, en général, la plus grande célérité, ce droit sera le plus souvent rendu illusoire par la distance où il se trouvera du lieu du sinistre et le temps que mettra la nouvelle à lui parvenir. L'assuré, surtout à ce dernier point de vue, pourra se trouver dans des conditions plus favorables pour procéder au sauvetage ; mais, comme il n'y a aucun intérêt, il serait à craindre qu'il n'y apportât pas tout le zèle nécessaire. C'est pour cela que la loi est venue dans l'art. 381 lui faire une obligation de travailler au recouvrement des effets naufragés, après avoir posé en principe que son immixtion au sauvetage ne lui enlèverait pas le droit de délaisser ; disposition fort équitable, car l'accomplissement d'un devoir ne doit pas entraîner la déchéance d'un droit ; et fort utile à l'assureur lui-même, puisque la crainte de perdre le bénéfice de l'action en délaissement eût certainement empêché l'assuré d'agir.

L'ordonnance de 1681 était sur ce point moins explicite que notre article, car elle portait seulement que : l'assuré pourra travailler au recouvrement des effets naufragés, sans préjudice du délaissement à faire en temps et lieu ; quoiqu'il semblât bien résulter de ces termes que la coopération au sauvetage n'était pas un devoir pour l'assuré, cependant la doctrine avait admis qu'on devait les entendre dans le sens d'une obligation et non d'une simple faculté. La sanction de cette obligation consistait, d'après Valin, dans le droit pour l'assureur de réclamer des dommages-intérêts, si l'inaction de l'assuré lui avait causé un préjudice. Le Code est venu, nous l'avons vu, consacrer cet avis de l'ancienne doctrine ; mais, comme il n'a pas posé de sanction spéciale pour le cas de violation de l'obligation qu'il établissait, il faut encore aujourd'hui se contenter d'appliquer en ce cas l'art. 1382 du Code Nap. : l'assureur aura droit seulement à des dommages-intérêts, dont le montant sera fixé par les juges qui devront tenir compte des chances plus ou moins favorables que pouvait offrir le sauvetage. Il faut même aller plus loin et décider, par analogie tirée de l'art. 384, que l'assureur ne peut se dispenser de payer la somme assurée, par ce motif que l'inaction de l'assuré lui donne droit à une indemnité; il devra néanmoins s'acquitter, sauf à réclamer ensuite ce qui peut lui être dû. Comme l'assuré pour compte est pour l'assureur le véritable assuré, c'est lui qui est tenu de remplir les obligations que crée l'art. 381. (Bordeaux, 6 avril 1830.)

Ajoutons que l'art. 241 impose aussi au capitaine le devoir de sauver, en cas de sinistre, la plus grande quantité possible des objets qui lui ont été confiés.

La loi, en obligeant l'assuré a coopérer au sauvetage, a pris des mesures pour qu'il n'en résultât pas pour lui de dommages pécuniaires; elle lui confère le droit de réclamer les frais qu'il a pu faire et d'en établir le montant par sa simple affirmation. Sa réclamation devra toujours être admise sous cette seule restriction qu'il ne lui sera jamais payé une somme supérieure à la valeur des objets sauvés. La même règle est admise dans le cas où c'est l'administration qui a fait procéder au sauvetage (ordonnance du 3 mars 1781, art. 41 et suiv.; arrêté du 6 germinal an VIII). La raison de ce principe est que l'assureur ne doit pas éprouver un préjudice par suite d'actes auxquels il est resté étranger. Aussi ne devra-t-on pas l'appliquer, lorsque l'assuré aura agi en vertu d'un mandat spécial de l'assureur, qui, prévenu du sinistre, ui aura confié ses intérêts. Ce mandat formel aura en outre pour effet de permettre à l'assuré de réclamer l'intérêt de ses avances et une commission qui se calculera sur le montant du sauvetage et non sur celui des capitaux avariés (Cour de Douai, 26 mars 1841). La simple immixtion de l'assuré dans le sauvetage le rend comptable envers l'assureur s'il a touché le prix des objets sauvés, puisque leur produit appartient en entier à ce dernier par l'effet du délaissement, sauf, s'il y a lieu, les droits de l'équipage et des prêteurs à la grosse que nous étudierons à la fin de ce travail. L'assuré devra donc remettre à l'assureur les sommes qu'il a retirées du sauvetage ou prouver qu'il les a employées à acquitter des dettes de ce dernier. En cas de contestation sur cet emploi c'est à l'assuré à en fournir la preuve, et s'il ne peut la faire il devra les intérêts à dater du jour où il a utilisé les sommes à son profit et non du jour de la demande de l'assureur. (Bordeaux, 6 avril 1830.)

Innavigabilité. — Cette cause de délaissement, qui produit un effet immédiat quant au navire, n'est, par exception, applicable aux assurances sur facultés, c'est-à-dire n'autorise à délaisser les facultés, que si dans un délai fixé par la loi elles n'ont pu être chargées sur un autre navire pour être transportées à leur destination. Il y a donc pour l'assureur un intérêt fort grand à ce que l'affrètement d'un navire propre à ce transport lui fasse éviter le délaissement. Le projet de Code voulait que ce soin fût laissé à l'assureur ou à l'assuré, mais on fit remarquer que dans la plupart des cas ils ne seraient pas présents au lieu du sinistre et auraient par suite beaucoup de difficulté à trouver un navire convenable ;

l'art. 391 fit droit à cette réclamation et imposa l'obligation de faire toutes les diligences nécessaires pour en noliser un au capitaine du navire déclaré innavigable, qui, étant toujours sur les lieux, sera mieux placé pour cela que personne. La loi le constitue donc mandataire obligé des propriétaires et assureurs des marchandises qui lui avaient été confiées, et il sera responsable envers eux si par sa négligence il leur a causé un préjudice, par exemple en rendant le délaissement admissible parce qu'il aura laissé expirer le délai légal sans nécessité, ou en causant des frais de fret ou de magasinage plus considérables que la situation ne l'exigeait.

L'assuré dans le même cas est tenu de signifier à l'assureur dans les trois jours de sa réception la nouvelle de l'innavigabilité (art. 390). Cette signification fait courir le délai après lequel le délaissement des facultés sera recevable, car ce n'est qu'à dater du jour où elle lui est faite que l'assureur peut prendre par lui-même des mesures pour éviter le délaissement, soin que le capitaine pourra peut-être négliger malgré l'obligation que lui impose la loi. Le défaut de signification dans ce délai aurait pour effet non-seulement de retarder l'époque où l'assuré pourrait délaisser, mais encore de le rendre responsable des dommages que l'assureur pourrait subir par suite de cette négligence et par exemple de l'augmentation des frais que l'art. 393 met à sa charge.

Nous avons déjà vu après quel espace de temps l'art. 387 admet que les facultés pourront être délaissées par suite de l'innavigabilité du navire. Tout délaissement fait avant ce délai, qui part de la notification que nous venons d'étudier, serait nul; toutefois comme le délai est dans l'intérêt exclusif de l'assureur il pourrait y renoncer et tenir pour valable le délaissement prématuré.

Il ne faudrait pas conclure de ce principe que l'assureur pourrait contraindre l'assuré à prendre parti avant le jour où ce droit est prescrit pour lui, c'est-à-dire avant l'expiration des délais fixés par l'art. 373 que nous aurons à étudier, lesquels ne commenceront ici à courir qu'après que celui de l'art. 387 aura pris fin. Jusque là l'assuré garde le droit d'opter entre les actions d'avarie et de délaissement et pourrait par exemple fréter lui-même un navire pour aller chercher ses marchandises.

Dans le cas où le délaissement ne sera pas possible pour l'assuré sur facultés, parce que l'assureur ou le capitaine les aura transbordées, cet assuré ne devra pas souffrir de l'innavigabilité et l'art. 392 décide que l'assureur garantira contre tous les risques stipulés dans le contrat et jusqu'à leur arrivée à destination les marchandises chargées sur un nouveau navire ; il sera même tenu par exception des avaries provenant du vice propre du navire si on a été contraint de le choisir à défaut d'autres. L'art. 393 ajoute qu'il devra seul, jusqu'à concurrence de la somme par lui assurée, supporter les avaries, frais de déchargement, magasinage, excédant de fret, rembarquement et tous autres qui ont pu être faits pour sauver les marchandises. C'est lui en effet qui en a profité, puisqu'il eût été tenu, sans cela, de payer toute la somme par lui assurée ; de plus, il était juste que l'assuré fût mis dans la même situation que si le sinistre n'avait pas eu lieu.

Des deux motifs de la règle posée par les art. 392 et 393, il résulte qu'elle s'appliquera même au cas où la police contient la clause : franc d'avaries, puisque cette clause (art. 409) n'empêche pas l'assureur de garantir les sinistres majeurs. Elle n'aurait donc dans notre espèce d'autre effet que celui de soustraire l'assureur à la responsabilité des avaries qui surviendraient aux marchandises pendant leur séjour sur le navire où elles ont été transbordées, car cette circonstance, si elle ne peut diminuer l'obligation de l'assureur, ne doit pas non plus l'augmenter.

Les mots : *Jusqu'à concurrence de la somme assurée....* de l'art. 393, ont donné lieu à une grave controverse. Nous avons vu que l'assureur garantit les risques des marchandises transbordées, jusqu'à ce qu'elles soient parvenues à destination; mais doit-on restreindre cette obligation en ce sens que s'il y a perte totale l'assureur puisse défalquer de la somme qu'il aura à payer le montant des frais que l'art. 393 met à sa charge? En d'autres termes, faut-il étendre à l'obligation créée par l'art. 392 la restriction que l'art. 393 apporte formellement à celle qu'il contient? Nous ne connaissons pas de document de jurisprudence bien formel sur ce point spécial, mais la Cour de Cassation a admis, en réformant un arrêt de la Cour de Poitiers, que les assureurs pouvaient, en cas de perte, défalquer de la somme assurée ce qu'ils avaient déboursé pour des avaries antérieures. Elle s'est fondée pour cela sur ce motif : qu'il serait aussi contraire à l'équité qu'à l'essence de tout contrat qui renferme des obligations réciproques et proportionnelles, d'assujettir l'assureur qui ne stipule et ne reçoit de prime que pour une somme déterminée, à fournir une somme plus forte que celle pour laquelle il s'est engagé et à raison de laquelle il a reçu la prime qui est le prix de son engagement. C'est là un principe juste et nécessaire, car l'assurance serait impossible si, en la souscrivant, on ne pouvait limiter la somme qu'on engage dans le contrat. La règle générale est donc aujourd'hui encore celle que posait Émérigon : l'assureur ne doit en aucun cas rien au-delà de la somme par lui promise et sur laquelle seulement l'assuré a pu et dû compter. Si donc l'on décide qu'en vertu des derniers mots de l'art. 393, l'assureur pourra défalquer du sinistre arrivé après le transbordement des marchandises les frais qu'il a supportés, ces mots ne seront qu'une application du principe général de notre matière. C'est là, croyons-nous, ce qu'il faut admettre, malgré les raisons qu'opposent à ce système MM. Locré et Bédarride, et que nous allons examiner.

Ces auteurs reconnaissent bien l'existence de la règle que nous venons de poser, mais pour eux l'art. 393 est venu justement y apporter une exception par les mots qui nous occupent. Le premier argument de leur système consiste à dire que l'innavigabilité du navire étant une cause de délaissement, entraînait pour l'assureur l'obligation de payer toute la somme assurée. La loi a sursis à cette obligation s'il s'agit de facultés, mais en lui imposant comme équivalent de cette chance qu'elle lui donne d'éviter ce payement le sacrifice des dépenses et frais qu'elle doit entraîner. Nous ne pouvons admettre ce raisonnement ; l'innavigabilité est une cause de délaissement pour les facultés, mais alors seulement qu'elles n'ont pu être transbordées dans un certain délai, distinction fort juste, car c'est en ce cas seulement qu'il y a rupture du voyage.

La loi n'accorde donc aucune faveur à l'assureur en ne l'obligeant pas à payer dès que le navire a été déclaré innavigable ; elle ne fait que lui reconnaître un droit et ne peut par suite le lui faire acheter par un sacrifice. L'assuré souffrira, dit-on, de notre système : c'est vrai ; mais peut-on, pour l'éviter, imposer à l'assureur une charge en dehors de son contrat ? Pourquoi d'ailleurs ne pas traiter ce cas comme celui de relâche. Les frais à la charge des facultés sont défalqués en cas de perte par les assureurs qui les ont supportés par suite de relâche ? or, le cas où les marchandises ont été transbordées nous paraissant être le même pour les chargeurs, nous croyons qu'on doit lui faire produire les mêmes effets.

L'esprit de la loi n'est donc pas favorable à l'opinion de nos adversaires, mais l'exception qu'ils proposent résulte-t-elle du texte de l'art. 393 combiné avec celui de l'art. 392 ? Pour le prétendre ils disent que l'art. 392 admet sans restriction la responsabilité des assureurs pour le risque du voyage du navire nouveau, et que l'article 393 ajoute : en outre.... ce qui est bien indiquer que les frais dont il parle s'ajoutent à la responsabilité de l'art. 392. Ce qui le prouve, c'est que le tribunal du Havre, pour éviter ce cumul, avait demandé qu'on modifiât l'art. 393 en appliquant à la responsabilité comme aux frais la limite de la somme assurée. Puisqu'on n'a pas fait droit à cette réclamation, c'est que l'opinion de ce tribunal n'a pas prévalu. Nous admettons bien que les mots : en outre.... de l'art. 393 impliquent le cumul des deux obligations pour l'assureur, mais les derniers mots que nous examinons les restreignent l'une et l'autre. Si l'on n'a pas fait la correction demandée par le tribunal du Havre, ce n'est pas que les rédacteurs du Code ne partageassent pas son avis sur la nécessité de cette double restriction, mais bien parce qu'ils la trouvaient suffisamment exprimée. Il suffit pour s'en convaincre de voir que les rédacteurs du projet ont dit formellement qu'ils avaient ajouté une restriction conforme au principe que l'assuré ne peut être tenu au delà de la somme assurée et dont il a reçu la prime. Aucun doute ne peut donc exister sur la pensée qui a dicté notre article, aussi la Cour de Cassation, dans l'arrêt que nous citons plus haut, établit-elle que l'art. 393 pose ce principe fondé sur la nature des choses que les assureurs ne répondront pas au-delà de ce qu'ils auront souscrit.

Quant à l'objection tirée de ce que la règle que nous donnons comme générale et nécessaire reçoit exception en cas de prise lorsque l'assureur accepte le rachat, puisque le navire périssant plus tard, il doit être payé sans défalcation de la rançon, elle ne peut nous arrêter, car le soin même que prend la loi de poser cette exception en termes formels prouve que la règle est générale et doit être suivie à moins d'une dérogation expresse qui ne se trouve pas dans notre espèce, nous croyons l'avoir démontré. On ne peut d'ailleurs raisonner *a pari* en notre espèce de ce qui se passe en cas de prise, car la dérogation que dans ce dernier cas nous venons de voir établie par la loi n'existe que si l'assureur le veut bien. Il est donc vrai de dire que les suites naturelles de son contrat ne sont modifiées qu'avec son consentement ; il en serait tout autrement en cas d'innavigabilité et par suite on ne peut admettre la même solution sans léser les droits de l'assureur.

Arrêt de prince. — Quand un sinistre arrive, le capi
taine qui en est victime l'annonce à l'assuré son arma
teur; celui-ci en sera donc en général instruit avan
l'assureur; de là le devoir qu'impose à cet assuré l'ar
ticle 387 de faire signifier à son assureur dans les troi
jours de sa réception la nouvelle de l'arrêt. Ce n'est l
du reste que l'application à un cas spécial de la règl
générale de l'art. 374. Cette notification fait courir l
délai à l'expiration duquel seulement on pourra délaisse
pour cause d'arrêt, délai qui, nous l'avons vu, est de si
mois ou d'un an, selon le lieu où se trouve le navire, e
du quart seulement de ce temps si les marchandise
sont sujettes à dépérissement. Il était juste que l'arrêt
étant temporaire de sa nature, ne pût être une cause d
délaissement que lorsque, par sa durée, il nuisait tro
gravement aux intérêts de l'assuré, et qu'on ne soumi
pas l'assureur aux conséquences si graves du délaissemen
sans lui avoir donné le temps de l'éviter en faisant, s
c'était possible, lever l'arrêt, ainsi que l'art. 388 lui e
donne le droit. Il résulte de cette double idée que la lo
devait non-seulement n'admettre le délaissement pou
cette cause qu'après un certain délai, mais encore ne l
faire courir qu'à compter du jour où la connaissance d
sinistre a permis à l'assureur d'agir. Cette dernière règl
était d'autant plus nécessaire que sans elle l'assuré eût p
retarder la signification qu'il est obligé de faire d'aprè
la loi, de façon à empêcher la levée de l'arrêt en temp
utile pour éviter le délaissement.

Ajoutons que le défaut de notification dans le déla
légal n'aura pas seulement pour effet de retarder le mo
ment où l'assuré sera en droit de délaisser; il pourra

donner ouverture à une action en dommages-intérêts contre lui s'il a été préjudiciable à l'assureur en l'empêchant d'agir à un moment où les démarches étaient plus faciles. On devrait même ne pas admettre le délaissement, s'il était bien établi qu'il eût pu être évité dans le cas où l'assureur eût connu l'arrêt à l'époque fixée par la loi. Du reste, ici comme au cas d'innavigabilité, l'assuré n'est pas tenu d'agir en délaissement dès l'expiration du délai; il gardera son droit d'option depuis ce moment jusqu'au jour où la prescription sera accomplie en vertu de l'art. 373.

L'art. 387 avait pris, ainsi que nous venons de le voir, toutes les mesures nécessaires pour que l'assureur pût faire lever l'arrêt et échapper par suite au délaissement, mais l'art. 388 est allé plus loin, car il impose à l'assuré lui-même l'obligation de faire toutes les diligences possibles pour obtenir la mainlevée de l'arrêt. La loi a voulu ainsi éviter que l'assuré, qui a peut-être un grand intérêt à délaisser, ne négligeât les moyens qu'il pourrait avoir de diminuer la responsabilité de l'assureur. La portée de cette obligation demande à être bien déterminée, car elle a, lors du projet de Code, été l'objet de vives critiques. Les rédacteurs de notre article en ont fixé eux-mêmes le sens en établissant qu'il n'a d'autre but que de dire à l'assuré : si vous pouvez obtenir la restitution des objets arrêtés, faites pour l'assureur ce que vous auriez fait pour vous-même, afin de conserver le gage commun. On peut conclure de ces paroles que l'assuré sera bien tenu de faire toutes les démarches qui seront en son pouvoir, mais seulement si elles présentent quelque chance de succès.

Quoique l'art. 388 n'ait point édicté de sanction à l'obligation qu'il renferme, nous croyons qu'il faudra lui en donner une dans certains cas. Si l'on suppose par exemple que l'arrêt n'a eu lieu que par suite de soupçons sur la nationalité du navire ou de la provenance de sa cargaison, et que l'assuré ne les a pas fait tomber, quoiqu'il eût les pièces nécessaires pour cela, on devra réprimer sévèrement cette inaction en prononçant des dommages-intérêts, et même, selon les cas, en déclarant le délaissement non recevable. La négligence de l'assuré peut, en effet, se rapprocher beaucoup de la fraude.

A côté de l'obligation qu'il impose à l'assuré d'agir, l'art. 388 réserve, avons-nous dit, à l'assureur le droit de prendre toutes les mesures qu'il jugera convenables. Il y a un trop grand intérêt pour qu'on soit obligé de l'y contraindre, aussi la loi n'a-t-elle eu d'autre but en posant ce principe que d'empêcher qu'on contestât le droit qu'elle reconnaît.

Si les parties peuvent faire lever l'arrêt avant l'expiration du délai de l'art. 387, il n'y aura pas, il est vrai, lieu à délaissement, mais l'assuré aura le droit d'intenter une action d'avarie pour se faire indemniser de tous les dommages que cet arrêt a pu lui causer. Il pourra, par exemple, se faire rembourser tous les frais que lui ont occasionnés les démarches qu'il a faites pour obtenir mainlevée de l'arrêt.

CHAPITRE V.

DES CONDITIONS DE VALIDITÉ DU DÉLAISSEMENT.

Il ne suffit pas, pour que le délaissement soit valable, qu'on se trouve dans un des cas où la loi le permet, cas que nous avons étudiés, et qu'on le signifie dans les formes et les délais fixés par la loi, ainsi que nous le verrons dans les chapitres suivants. Il faut encore, d'après l'art. 372, que le délaissement ne soit ni partiel ni conditionnel ; ce sont ces deux idées que nous allons développer.

Le second de ces principes résulte de l'effet même que doit produire le délaissement: comme son but direct est de transférer à l'assureur la propriété des objets assurés, il serait contraire au bon sens que cette translation de propriété volontaire de la part de l'assuré ne fût pas faite d'une façon définitive, et contraire à l'ordre public que les droits des deux parties restassent ainsi en suspens. On doit, par conséquent, permettre à l'assureur de repousser un délaissement fait, par exemple, pour cause de défaut de nouvelles et sous cette condition que l'assuré reprendra le navire ou la cargaison s'ils arrivent plus tard à bon port, en restituant avec les intérêts l'indemnité qu'il aura reçue.

Quant au premier principe posé par l'art. 372, s'il était juste que ce fût à l'assuré qu'appartînt le droit d'opter entre les deux actions que lui ouvre la loi, il ne fallait pas empirer encore la situation de l'assureur en permettant de diviser cette option. C'est ce que Valin exprimait fort bien en disant : « Le contrat d'assurance ne peut souffrir aucune division. L'assureur n'a pas assuré par parties, mais indistinctement les objets énoncés dans la police; ainsi il faut ou en faire le délaissement en entier ou se borner à lui demander simplement le payement de l'avarie. » Cette règle que le délaissement ne doit pas être partiel était contenue dans l'ordonnance comme elle l'est dans l'art. 372; elle doit être entendue en ce sens qu'elle n'est vraie que pour les objets garantis par une même assurance, et ne s'appliquerait pas s'il s'agissait d'assurances distinctes, quoique faites entre les mêmes parties. C'est ce qui résulte des mots de notre article : il ne s'étend qu'aux effets qui sont l'objet de l'assurance..... Pour distinguer s'il y a plusieurs assurances ou s'il n'y en qu'une seule, on doit suivre les règles suivantes. Il y a plusieurs assurances lorsqu'il y a plusieurs polices, bien qu'il y ait entre elles identité de parties, d'objets et de primes, à moins qu'il ne résulte de leurs termes ou des circonstances que toutes ces polices se complètent les unes les autres et ne forment qu'un tout indivisible; il y aura donc là une simple question d'interprétation de la volonté des parties. On doit admettre, au contraire, qu'il n'y a qu'une seule assurance lorsqu'il n'y a qu'une seule police, alors même qu'elle comprend des effets de diverses sortes s'ils n'ont pas été assurés pour des sommes distinctes.

C'est par application de cette idée que la Cour de Bordeaux (15 décembre 1828) a jugé qu'en vertu d'une police portant que chaque espèce de marchandises formera un capital distinct et séparé, l'assuré peut, au cas où une partie seulement des objets arrive à destination, abandonner chaque espèce ayant subi une perte des trois quarts et exercer l'action d'avarie pour les autres.

Si l'assuré s'est réservé la faculté de faire échelle et a déchargé une portion des marchandises assurées avant le sinistre qui donne ouverture au délaissement, il faut examiner s'il les a ou non remplacées par d'autres. Dans le second cas, on peut décider sans hésiter que, quoique l'assuré n'ait pas délaissé les marchandises déchargées, les assureurs ne pourront pas dire qu'il y a eu délaissement partiel, car il suffit d'après notre article qu'il comprenne tout ce qui a fait l'objet du risque, c'est-à-dire tout ce qui s'est trouvé à bord lors du sinistre. Seulement comme l'assurance ne doit pas procurer un profit à l'assuré, il ne pourra dans notre hypothèse réclamer la somme assurée qu'en en défalquant une valeur égale à celle des objets déchargés par rapport au total de l'assurance. Si les marchandises déchargées ont été remplacées par d'autres de même valeur le délaissement devra porter même sur ces dernières et l'indemnité ne sera pas diminuée ; elle sera au contraire diminuée de la différence qui existe entre la valeur des objets nouveaux, si elle est moins grande, et celle des objets débarqués, mais le délaissement sera total. On peut enfin supposer que la valeur des marchandises nouvellement chargées dépasse celle des objets qu'elles remplacent ; que doit-on décider en ce cas ? L'ordonnance de 1681 était muette sur ce point, mais Valin admettait que l'assuré ne serait tenu de délaisser que la quantité de marchandises suffisante pour représenter la somme assurée, car le surplus formant son découvert il est censé en être lui-même l'assureur et doit par conséquent concourir au sauvetage au prorata de ce surplus. Les derniers mots de notre article adoptent législativement l'avis de Valin puisque le risque ne porte que sur une valeur égale à la somme assurée, quel que soit le prix du chargement. Cette solution devrait être aussi adoptée dans le cas où le découvert de l'assuré provient de ce qu'au départ il n'a fait assurer qu'une partie du chargement.

La règle que nous étudions a donné lieu à une question vivement débattue ; il s'agit de savoir si dans le cas où l'assurance porte sur le corps du navire le délaissement doit comprendre le fret fait par ce navire pendant le voyage qui a donné lieu au sinistre. Ce fret peut être dû encore ou avoir été payé pour des marchandises non encore rendues à destination mais à charge de restitution en cas de perte (fret à faire), ou bien il peut avoir été ou payé ou promis d'avance pour ces mêmes marchandises sans que l'armateur puisse en être privé en cas de perte (fret stipulé à tout évènement), ou bien il peut enfin avoir été payé pour des marchandises qui sont arrivées à leur destination (fret acquis) ; selon que le fret appartiendra à l'une ou l'autre de ces classes, les règles qui devront le régir pourront varier.

L'ordonnance de 1681 était muette sur la question qui nous occupe, aussi la jurisprudence avait-elle décidé que l'on ne pouvait pas, dans le silence de la loi, forcer l'assuré à délaisser le fret. L'équité de cette décision fut vivement contestée, surtout par Valin. En effet, le fret est l'accessoire du navire, et par suite les assureurs, acquérant la propriété de celui-ci, doivent recevoir aussi celle de l'autre; en laissant le fret à l'assuré on viole en outre ce principe, fondamental en notre matière, que l'assurance ne doit lui procurer qu'une indemnité, puisque cet assuré recevra à la fois le prix de son navire au départ et le fret qui représente, outre le bénéfice de l'armateur, le montant de la détérioration que le voyage fait inévitablement subir au navire. Ces considérations doivent faire admettre, sans contestation, la nécessité pour l'assuré de délaisser le fret encore dû, lorsqu'il est produit par des objets échappés au sinistre. Mais Valin demandait qu'on admît cette règle sans distinguer du fret encore dû, celui déjà payé, même s'il avait été stipulé à tout événement. Le Gouvernement, ému de ces réclamations, ouvrit une enquête, et Emérigon nous donne la réponse de l'amirauté de Marseille. Les deux questions posées étaient les suivantes : 1° faut-il obliger l'assuré sur corps à délaisser, en cas de sinistre, le fret des marchandises sauvées; 2° la même règle doit-elle s'appliquer au fret perçu pendant le voyage? L'affirmative fut admise à l'unanimité sur la première question ; mais la seconde fit plus de difficulté. En effet si les raisons ci-dessus s'appliquent ici comme au fret encore dû, puisque l'effet rétroactif du délaissement doit faire traiter les choses comme si la translation de propriété avait eu lieu avant la perception du fret, ou peut répondre que les frets perçus avant le sinistre l'ont été de bonne foi, et que d'ailleurs ils sont pour l'assuré les produits d'un bien qu'il détenait à juste titre; on doit donc, en vertu des règles de la possession de bonne foi, décider qu'ils sont définitivement acquis au possesseur. On ne peut pas ensuite appliquer aux frets perçus l'effet rétroactif, qui n'est après tout qu'une fiction; il y aurait là une grande dureté et une source inépuisable de difficultés, à cause des comptes que ce système rendrait nécessaires. Ces objections ne sont pas irréfutables, car on peut soutenir que les règles de la possession de bonne foi sont ici inapplicables, par cette raison bien simple qu'elles n'ont été admises que parce que ce possesseur est évincé malgré lui, tandis que l'assuré ne perd la possession de son navire que s'il le veut bien. On ne voit pas, d'ailleurs, pourquoi on n'appliquerait pas à l'assureur la même règle qu'aux prêteurs à la grosse et à l'équipage, dont les priviléges portent sur tous les frets sans distinction. Aussi l'affirmative finit-elle par triompher même dans cette seconde question.

La déclaration de 1779, qui fut la suite de cette enquête, n'admit pas en entier les conclusions que nous venons d'étudier. Elle décida que le fret encore dû devrait être délaissé, à moins de conventions contraires, lorsqu'il proviendrait de marchandises sauvées; quant au fret acquis et à celui stipulé à tout événement il ne devait faire partie du délaissement que si les parties en étaient convenues.

Tel était l'état des choses lorsque le Code de commerce fut proposé. Comme le projet ne parlait pas de la question qui nous occupe, de vives réclamations furent faites. On peut citer surtout celles qu'émit la commission de Lorient qui, après avoir établi les motifs d'équité et de droit qui la décident, demande que le délaissement du navire comprenne non-seulement le fret des marchandises sauvées qui est encore dû, mais même le fret de l'aller perçu ou non perçu. La lacune qui existait dans le projet fut alors comblée par l'art. 386, qui est ainsi conçu : « Le fret des marchandises sauvées, quand même il aurait été payé d'avance, fait partie du délaissement du navire, et appartient également à l'assureur..... » Cette disposition diffère de celle de la déclaration de 1779, en ce qu'elle force à délaisser le fret des marchandises sauvées même lorsqu'il a été payé d'avance et sans restitution possible. La raison en est que vis-à-vis de l'assureur cette convention est *res inter alios acta*, et qu'on ne peut, par suite, la lui opposer. Mais est-elle conforme aux demandes de la commission de commerce de Lorient, qui voulait que le délaissement fût obligatoire, même pour le fret de l'aller, c'est-à-dire pour le fret acquis pendant le voyage, soit parce que le sinistre n'a eu lieu qu'au retour, soit parce que le voyage se faisant par échelles il y a eu des marchandises débarquées dans ces échelles? Cela dépend du sens qu'il faut donner au mot *sauvées*, dans notre article.

Si on doit entendre par là toutes les marchandises qui, après avoir été chargées sur le navire délaissé pendant le voyage entier, n'ont pas péri, l'art. 386 est conforme au système de la commission ; mais si, comme l'a fait la Cour de Cassation (14 décembre 1825), on regarde au contraire le mot *marchandises sauvées* comme ne désignant que celles qui, étant sur le navire au moment du sinistre, y ont échappé, l'art. 386 restreint le délaissement dans des limites plus étroites. Ce second système procure un immense avantage à l'armateur, car il peut garder les frets qu'il a perçus pour toutes les marchandises qui ont été débarquées avant le sinistre. Quoique nous n'approuvions pas, en législation, la conséquence à laquelle il conduit, car elle nous paraît contraire au principe de l'effet rétroactif du délaissement et à la règle que l'assuré ne doit retirer de l'assurance aucun profit, nous pensons que ce système rend la véritable pensée de l'art. 386 et doit, par conséquent, être admis. En effet, le sens le plus naturel des mots : *marchandises sauvées*, sens du reste dans lequel ils sont pris plusieurs fois dans le Code même (art. 259, 303, 327, 331, 418, 423 et 425), est de désigner les marchandises qui, exposées au sinistre, n'y ont pas péri. De plus, il paraît bien résulter de la discussion de notre article au Conseil d'État, qu'il ne s'applique pas au fret acquis. Enfin, la loi en ne prohibant l'assurance du fret que s'il est à faire, a dû vouloir permettre celle du fret acquis; or l'assurance est incompatible avec la nécessité de délaisser.

Bien que le fret payé d'avance et stipulé non restituable en cas de perte fasse partie du délaissement lorsqu'il est produit par des marchandises sauvées, cette clause de non restitution est préjudiciable à l'assureur, parce que ce fret est en général moins fort qu'il ne le serait sans la clause aléatoire qui est intervenue entre l'armateur et le chargeur, et que l'aléa qui compense cette diminution ne peut, en aucun cas, profiter à l'assureur, puisqu'en cas de perte il ne pourra réclamer le fret des objets perdus, bien qu'il reste acquis à l'armateur. Aussi croyons-nous qu'il faut décider, en ce cas, comme le faisait Valin, que la somme à délaisser sera égale, non pas au fret même stipulé par l'armateur avec clause de non restitution, mais bien au montant du fret qu'on payait au lieu de l'affrétement pour un voyage et des objets semblables, lorsque cette clause n'était pas stipulée.

La déclaration de 1779 permettait aux parties de stipuler d'avance que le fret à faire ne serait pas délaissé ; comme le Code ne s'est pas expliqué sur ce point, on peut se demander si l'application de l'art. 386 peut être encore aujourd'hui rejetée par la convention des parties. La négative est généralement admise, et avec raison, selon nous, car il résulte des raisons que nous avons données ci-dessus en faveur du délaissement de ce fret, qu'il est d'une équité rigoureuse.

Cette solution est pourtant critiquée par MM. Pardessus et Dageville. Ces auteurs reconnaissent bien que la clause qui nous occupe blesse les droits de l'assureur, mais ce n'est pas, selon eux, une raison pour la prohiber, lorsqu'elle résulte du consentement des parties, puisque l'augmentation qu'elle amènera dans la prime compensera le préjudice qu'elle peut causer à l'assureur. Ce raisonnement serait juste si la loi, en édictant les règles de notre matière, n'avait eu en vue que l'intérêt des parties, mais elle s'est surtout préoccupée de l'institution même qu'elle n'a pas voulu voir dégénérer en gageure. D'ailleurs l'opinion que nous combattons aura de bien graves conséquences, car si elle est vraie il faut en conclure qu'il sera loisible aux parties de stipuler que l'assuré ne sera pas tenu de délaisser même le navire, puisque la différence de prime viendra rétablir l'équilibre. Il faut donc admettre ou bien que le principe qui accorde à l'assureur le droit d'exiger le délaissement comme une indemnité, lorsqu'il doit payer la somme assurée tout entière a été édicté dans un intérêt d'ordre public et pour éviter des abus, et est alors impératif pour le fret comme pour le navire; ou bien que ce principe a été établi dans l'intérêt exclusif des parties qui, par suite, peuvent y déroger entièrement. Posée en ces termes, la question ne nous paraît pas douteuse, alors surtout qu'il ressort de la discussion de notre article au Conseil d'État, que le silence qu'a gardé le Code sur ce point a eu pour but de rejeter la possibilité de cette clause formellement admise par la déclaration de 1779. Si les clauses de la police avaient au contraire pour but d'étendre le délaissement, il faudrait les déclarer valables, car les objections ci-dessus ne pouvant plus être faites en ce cas, on rentre sous l'empire du principe général de la liberté des conventions.

Comme nous ne nous occuperons pas ici de la restriction contenue dans les derniers mots de l'art. 386, parce que nous aurons à l'étudier en posant les règles à suivre lorsqu'il y a concours de droits sur les objets sauvés, il ne nous reste plus qu'à examiner une question qui se rattache à la règle que le délaissement ne doit pas être partiel. Lorsque le délaissement a été accepté par les assureurs ou prononcé par la justice, il en résulte pour ces assureurs l'obligation de payer la somme assurée; seulement, comme le contrat doit simplement indemniser l'assuré, cette obligation se trouve réduite de plein droit à la valeur chargée, si elle est inférieure à la somme assurée; le surplus est alors ristourné. Mais on peut se demander si, en ce cas, le règlement intervenu est définitif et ne peut être modifié plus tard lorsqu'il est l'effet de l'ignorance ou de l'erreur. La Cour de Bordeaux a eu à se prononcer sur cette question le 24 novembre 1829. On contestait à l'assuré, qui n'avait pas connu le chargement entier, le droit de revenir sur le ristourne qui avait été fait par suite de cette erreur, par ce motif que sans cela on admettrait un délaissement fait en deux fois, ce qui serait contraire à la règle que le délaissement ne peut être ni partiel, ni conditionnel. La Cour a repoussé ce système, et avec raison, car pour que l'article 372 ne soit pas violé, il suffit que le délaissement remplisse ces conditions dans l'intention de l'assuré; or cela se rencontrait dans l'espèce où la force seule des choses avait entraîné un double délaissement. On doit se ranger à l'avis de la Cour avec d'autant moins d'hésitation que la règle générale en matière de comptes est qu'on peut toujours revenir sur ceux qui ont été faits, en prouvant qu'ils contiennent des erreurs ou des omissions. Réciproquement il faut, croyons-nous, admettre que si le règlement a attribué à la cargaison une valeur trop forte par suite d'une erreur, les assureurs pourront le faire modifier lorsqu'ils s'apercevront de cette erreur. (Cour d'Aix, 27 juillet 1825.)

CHAPITRE VI.

DES DÉLAIS DANS LESQUELS LE DÉLAISSEMENT DOIT ÊTRE FAIT.

On ne pouvait, il est vrai, imposer à l'assuré l'obligation de faire un choix entre les deux actions que lui accorde la loi sans lui donner un délai pour réfléchir; mais, par une juste réciprocité, on ne pouvait laisser l'assureur en suspens pendant un temps indéterminé en ne fixant pas de limites à l'exercice de cette option. Il fallait donc que la loi elle-même établît un délai dont l'expiration entraînerait pour l'assuré la déchéance du droit d'employer la voie extraordinaire du délaissement, mais au bout duquel il resterait investi de celui d'obtenir une indemnité par l'action d'avarie, dont la prescription n'a lieu que par cinq ans, à compter de la date de la police (art. 432). C'était là une tâche délicate; car on devait ménager les intérêts opposés des deux parties en établissant ce délai, qu'il était, en outre, nécessaire de modifier selon la distance existant entre le lieu du sinistre et le domicile de l'assuré. Nous ne passerons pas en revue les divers systèmes qu'émirent sur ce point le *Guidon de la Mer*, l'ordonnance de 1681 et ses commentateurs; mais nous dirons un mot de celui que contenait le projet de Code. Pour éviter les difficultés que présente la graduation de ce délai selon les distances, ses rédacteurs décidèrent qu'il se confondrait avec celui de l'article 432, et que, par suite, la prescription de toutes les actions de l'assuré aurait lieu en même temps. Ce système souleva de nombreuses réclamations; il avait, en effet le grave inconvénient de laisser trop longtemps incertaine la position de l'assureur pour qui la multiplicité de ses opérations nécessite une prompte solution de celles entreprises, et le plus grave danger de permettre à un assuré de mauvaise foi de profiter de ce délai trop long pour faire disparaître les éléments d'appréciation du sinistre et en changer la nature. Les rédacteurs du projet, qui répondaient à la première objection que l'intérêt de l'assuré à être payé le plus tôt possible en diminuait beaucoup la portée, ne purent nier les dangers de fraude qu'offrait leur système : aussi le Conseil d'État admit-il les observations du commerce, et vint-il, dans l'art. 373, établir le délai de l'action en délaissement.

Il résulte de la lecture de ce texte que c'est le lieu où le sinistre s'est produit qui déterminera la durée de ce délai, qui peut être de six mois, d'un an ou de deux ans ; mais ses termes : *le délaissement doit être fait....,* ont donné lieu à une difficulté. On s'est demandé si, pour éviter la déchéance, il suffit de notifier le délaissement aux assureurs avant l'expiration du temps fixé, ou bien s'il faut, en outre, le faire prononcer en justice, ainsi que l'exigeait formellement l'ordonnance de 1681, qui parlait de demande en exécution. C'est encore ce dernier système qu'il faut suivre, ainsi que cela résulte des articles 379 et 431. Le premier, en suspendant le délai du payement dans un cas spécial, ajoute qu'il n'en résultera aucune prolongation du délai fixé pour intenter l'action ; il y a bien là une interprétation législative de notre article 373. De plus, l'art. 431 dit formellement que l'action en délaissement se prescrit par le laps de temps déterminé par l'art. 373 : or cela ne peut pas s'entendre de la simple signification. De cette interprétation, admise par la Cour de Cassation, il suit que si l'assuré n'est pas tenu d'intenter son action en même temps qu'il notifie son intention de délaisser, il doit, du moins, accomplir ces deux actes dans le délai de l'art. 373, sous peine de déchéance. L'arrêt de la Cour (29 avril 1835) établit en outre qu'il ne suffit pas, pour éviter cette déchéance, que la signification ait été accompagnée de pourparlers entre les parties.

Le point de départ du délai de notre article est, nous dit la loi, le jour de la réception de la nouvelle. Doit-on conclure de ces mots qu'il faut que la nouvelle du sinistre soit parvenue à l'assuré lui-même, ou bien le délai courra-t-il du jour où elle a été publique et notoire au lieu de l'assurance ? Le tribunal de Marseille (19 janvier 1835) a jugé qu'il suffit pour que le délai courre que la nouvelle soit publique au lieu où a été passé le contrat, bien que l'assuré ne l'ait connue que plus tard. Nous croyons qu'il faut adopter ce système, car si l'assuré a son domicile en ce lieu, il ne peut prétexter ignorance, et, s'il ne l'y a pas, il doit être regardé comme y ayant au moins élu en quelque sorte domicile pour toutes les suites du contrat. Si donc il n'y a pas choisi un représentant, il y a faute de sa part, et, par suite, il ne peut s'en prendre qu'à lui-même si son ignorance lui a été préjudiciable.

Les adversaires de ce système lui opposent un arrêt de la Cour de Cassation, du 6 janvier 1813, qui, disent-ils, quoique rendu sous l'empire de l'ordonnance de 1681, peut encore être invoqué aujourd'hui, puisque le Code n'a pas innové sur ce point. Nous n'avons rien pu trouver dans cet arrêt qui soit contraire à la doctrine que nous avons exposée; il suffit de le lire pour se convaincre qu'il décide seulement que l'on ne pourra faire courir le délai par cela seul que la nouvelle sera publique dans un lieu autre que celui de l'assurance ou celui du domicile de l'assuré, et, par exemple, au port d'attache du navire. La cour était appelée à statuer dans l'espèce suivante : une assurance avait été faite à Saint-Malo, par un négociant de cette ville, sur un navire à destination de Nantes ; le navire ayant péri, la cour de Rennes avait jugé, contrairement à la décision des arbitres, que le délai de prescription du délaissement avait pu courir du jour où la nouvelle de la perte avait été notoire à Nantes, et l'on attaquait son arrêt. La Cour suprême, en cassant cet arrêt, se fonde sur ce qu'il a fait courir le délai du jour où le sinistre a été connu à Nantes, lieu où l'assurance n'a pas été faite et où les assurés ne demeurent pas. Or, c'est là, ce nous semble, bien plutôt une confirmation qu'un désaveu du système que nous soutenons.

Le plus souvent, en fait, l'assuré connaîtra le sinistre par des avis directs ; il pourrait donc cacher l'époque où ils lui sont parvenus, mais la loi, pour éviter cette fraude, permet à l'assureur de l'établir par tous les moyens. Ainsi, il pourra, en dehors des témoignages, des livres et des correspondances, invoquer même des paroles échappées à l'assuré. Il faut du reste que ces avis soient positifs et présentent toutes les apparences de la vérité ; et des bruits vagues d'un sinistre (Marseille, 19 février 1830) non plus qu'une lettre annonçant à l'assuré que des bruits inquiétants circulent sur le sort du navire (Cassation, 4 mars 1845), ne suffiraient pas pour faire courir le délai.

La loi elle-même a établi des exceptions à la règle de l'art. 373, ainsi nous avons vu qu'en cas de délaissement pour cause d'innavigabilité, s'il s'agit des facultés, pour cause d'arrêt de prince ou de défaut de nouvelles, l'assuré ne peut agir qu'après un certain délai (art. 387, 390, 375). Jusqu'à son expiration, l'assuré ayant été dans une impossibilité de droit d'intenter son action, la prescription n'a pu courir contre lui ; on doit donc décider que le laps de temps fixé par l'art. 373, ne commencera à s'écouler qu'à dater de cette expiration. Mais doit-on admettre que notre article reçoit aussi exception dans le cas où le délaissement a pour cause une perte ou détérioration des trois quarts au moins ? C'est ce qu'a décidé la cour de Nîmes en faisant, dans ce cas, courir le délai non pas du jour où l'assuré a connu la nouvelle du sinistre, mais du jour où il a reçu les pièces qui constatent l'importance du dommage et rendent le délaissement recevable en prouvant que l'avarie atteint les trois quarts. Bien que cet arrêt ait été validé par la Cour de Cassation (22 juin 1847), nous croyons qu'il pose un principe qui n'est pas conforme à la loi.

En effet, lorsque la règle de notre article a dû recevoir des exceptions, la loi les a édictées formellement, nous venons de le voir ; puis donc quelle n'en a pas établi dans notre hypothèse il faut s'en tenir aux termes de l'art. 373. La cour, pour s'en écarter, se fonde sur ce que jusqu'au jour de la réception des procès-verbaux constatant la quotité de la perte, l'assuré n'a pas pu agir en délaissement, puisque la preuve de cette quotité peut seule rendre cette action admissible, et que, par suite, la prescription ne peut courir contre lui jusque là. Elle ajoute que le système contraire ferait quelquefois perdre à l'assuré son droit d'agir avant le moment où il eut pu l'exercer. Ces objections ne sauraient, selon nous, prévaloir contre le texte formel de la loi, alors surtout que le délai de notre article serait incompréhensible dans le système de la cour de Nîmes. Il ne peut avoir d'autre but que celui de permettre à l'assuré, qui a reçu une simple nouvelle du sinistre, de rassembler tous les éléments nécessaires pour en établir le montant et éclairer ainsi son choix. S'il ne courait que du jour où l'assuré a tous les documents en main, on ne saurait s'expliquer pourquoi il varie selon l'éloignement du lieu du sinistre, car cette circonstance est indifférente à la durée des réflexions de l'assuré. Ajoutons que ce délai est assez long pour que l'assuré puisse toujours, s'il n'est pas négligent, se procurer avant son expiration toutes les pièces qui lui sont nécessaires, et que si le contraire arrivait le tribunal accorderait certainement une prolongation.

Une dernière exception à la règle de notre article a été proposée en cas de réassurance et a donné lieu à de grands débats. La Cour de Cassation (1ᵉʳ juin 1824) a décidé que le délai serait le même pour la réassurance que pour l'assurance elle-même, par ce motif que dans ce cas l'assureur est un véritable assuré et que le réassureur est son assureur. Ce système, qui ne déroge pas à notre article, entraîne des conséquences fort dures, car l'assureur primitif verra son action se prescrire avant de pouvoir l'intenter puisqu'il ne le peut qu'après que l'assuré lui a fait à lui-même délaissement des objets assurés (son délaissement signifié auparavant ne pourrait être que conditionnel, et par suite ne serait pas valable, art. 372), tandis que la prescription courra contre lui à partir du jour où la nouvelle de la perte sera parvenue à l'assuré. Si donc l'on suppose que l'assuré ne signifie le délaissement à l'assureur qu'au dernier moment du délai, ce dernier ne pourra pas profiter du bénéfice de la réassurance. Il y aura donc violation du grand principe qu'une action en garantie ne peut pas se prescrire avant que l'éviction n'ait eu lieu. Ces objections fort graves nous porteraient à repousser la doctrine de l'arrêt ci-dessus, qui est d'ailleurs inconciliable avec l'arrêt du 22 juin 1847, rendu par la même Cour dans le cas de perte des trois quarts et que nous venons d'étudier, puisque, dans ce dernier, la Cour, admettant que la prescription ne peut courir que lorsque l'action est devenue possible, devrait *a fortiori* appliquer cette règle dans notre espèce ; mais nous sommes arrêtés par la difficulté qu'il y aurait alors à fixer un délai pour l'assureur. Quelques auteurs ont voulu en ce cas appliquer le délai général de cinq ans ; d'autres ont décidé qu'on devrait maintenir le délai de l'art. 373 seulement en ne le faisant courir que du jour où la signification du délaissement a été faite par l'assuré ; enfin, M. Pardessus a proposé de suivre par analogie les règles sur le recours adoptées en matière de lettres de change et par suite de donner à l'assureur un délai calculé comme si l'événement était arrivé dans le lieu qu'il habite et partant de la signification du délaissement. Ce dernier système, fort raisonnable, devrait être admis par le législateur, s'il voulait bien trancher la question qui nous occupe, mais tant qu'il ne l'aura pas été, nous le croyons trop arbitraire, comme les autres, pour qu'on puisse s'y ranger. Nous sommes donc forcés d'adopter la doctrine de la Cour de Cassation, malgré ses inconvénients, et de décider que l'assureur sera déchu de son droit lorsqu'il n'aura pas agi avant l'expiration des délais fixés par l'art. 373, calculés à partir du jour où, non pas l'assuré, mais lui-même a reçu la nouvelle du sinistre, ou du jour où elle a été notoire au lieu de l'assurance. C'est là, en effet, ce qui ressort pour nous des principes posés par la Cour suprême, et ce que nous admettons d'autant plus facilement que par ce moyen l'assureur aura en général pour délaisser quelques jours de plus que l'assuré qui reçoit des nouvelles directes. Il n'y a là, nous le reconnaissons, qu'un bien faible remède apporté aux inconvénients du système que nous soutenons, mais il nous paraît le seul légal et d'ailleurs les parties pourront toujours faire sur ce point des accords particuliers.

Aussi l'assureur, s'il est prudent, devra-t-il en se faisant réassurer profiter de cette faculté, et stipuler qu'il aura à partir de la signification du délaissement à lui faite par son assuré un certain délai pour délaisser à son tour. Qu'il ne croie pas s'être suffisamment mis à couvert sur ce point en convenant que l'exhibition pure et simple de la quittance de l'assuré primitif justifiera le sinistre entre lui et son réassureur, car la Cour d'Aix a jugé avec beaucoup de raison (4 mai 1836) que cette clause se rapportait à l'obligation de faire la preuve de la perte et du chargement, et non à celle de signifier le délaissement dans le délai légal.

CHAPITRE VII.

DES FORMES DU DÉLAISSEMENT.

Nous avons vu que l'art. 374 impose à l'assuré l'obligation de signifier à l'assureur toutes les nouvelles qu'il reçoit d'accidents survenus au navire; l'art. 378 ajoute que l'assuré pourra joindre à cette signification celle de son délaissement. Seulement tandis que la forme de la simple signification peut en général être celle d'un acte d'huissier ou d'une communication amiable, pourvu, dans ce dernier cas, que l'assuré puisse prouver par écrit qu'elle a eu lieu, il faut décider que si elle contient la notification du délaissement, elle ne peut être faite que par un acte d'huissier portant sommation de payer la somme assurée dans le délai légal, et ajournant l'assureur à venir entendre valider le délaissement. Cette règle ne peut recevoir d'exception que dans le cas où l'assureur aura permis à l'assuré de se dispenser de toute formalité par l'écrit dans lequel il aura accepté le délaissement notifié à l'amiable.

Si l'assuré ne veut pas user de cette faculté que lui accorde l'art. 378, il notifiera son délaissement par un acte postérieur qui devra être dressé par un huissier, à moins d'autorisation de l'assureur, ainsi que nous venons de le voir. Si elle ne contient pas le délaissement la signification exigée par l'art. 374 devra, aux termes de notre art. 378, réserver à l'assuré le droit de délaisser plus tard; il ne faut pas conclure de là que l'absence de cette réserve rendrait non recevable le délaissement postérieur, car l'art. 378 ne prononce pas cette sanction et on ne peut l'introduire dans le silence de la loi.

Dans l'un et l'autre cas, l'acte de délaissement contiendra sommation de payer la somme assurée, ce qui n'entraînera pas pour l'assureur l'obligation d'effectuer ce payement avant le délai fixé par les parties ou déterminé par l'art. 382, mais aura cet effet de faire courir ce délai. Cette sommation donnera-t-elle en outre à l'assuré le droit de poursuivre en justice avant la fin de ce délai et de faire condamner l'assureur à payer, sauf à ne faire mettre le jugement à exécution que lorsqu'il sera expiré? On ne peut lui contester le droit d'intenter son action, car c'est là une mesure conservatoire qu'il peut prendre dès qu'il a opté pour l'action en délaissement, mais un doute sérieux s'élève sur la possibilité d'une condamnation. La Cour de Cassation (10 pluviôse an XII) a décidé qu'elle pourrait être prononcée pourvu que l'assureur ne fût obligé à payer qu'après le terme fixé par les parties ou par la loi. Nous ne nous rangerons pas à cette doctrine, non parce qu'elle a été émise sous l'empire de l'ordonnance de 1681, car ses dispositions étaient les mêmes que celles du Code, mais parce que nous la croyons contraire aux principes généraux du droit et à ceux spéciaux de notre matière. En thèse générale, on ne peut condamner que celui qui est actuellement débiteur et qui refuse d'exécuter une obligation exigible ou tarde trop à le faire.

Il ne suffit pas pour échapper à cette règle de ne prononcer qu'une condamnation à terme, car cette règle donne droit au débiteur dont la créance n'est pas exigible non-seulement de ne pas être contraint de payer, mais encore de ne pas subir les inconvénients d'une condamnation et les frais qui en résultent. Mais en dehors de ce principe général il y a dans notre matière une raison spéciale de repousser le système de la Cour de Cassation : la loi permet en effet à l'assureur de repousser par tous les moyens possibles le délaissement qu'on veut lui faire et qui lui est toujours préjudiciable; or comment pourra-t-il le combattre si on permet à l'assuré de le faire prononcer dès qu'il a notifié le sinistre, c'est-à-dire avant que cet assureur ait pu préparer sa défense? L'on ne pourra pas détruire cette objection en disant que la décision sur ce point ne sera pas définitive; car pour condamner l'assureur à payer la somme assurée, même au bout d'un certain temps, il faut que le tribunal ait validé définitivement le délaissement. La doctrine de la Cour de Cassation rend donc inutile la réserve que l'art. 384 a posée du droit de l'assureur de combattre par la preuve contraire les prétentions et les allégations de l'assuré, réserve qui n'est pas une faveur de la loi, mais une simple reconnaissance d'un droit nécessaire et incontestable; elle rend de plus inexplicable le délai de trois mois de l'art. 382, car il ne peut avoir eu pour but que de donner à l'assureur le temps nécessaire pour préparer sa défense avant qu'on puisse le condamner.

Le délaissement peut valablement être fait par un mandataire au nom de l'assuré, mais il faut que le mandat soit conçu en termes non équivoques; c'est ainsi qu'on a jugé qu'il ne résultait pas suffisamment de ce que l'assuré aurait écrit à son correspondant d'agir comme pour lui-même. Ajoutons que si le mandataire n'exécute pas le mandat qui lui est confié, il sera, en vertu des règles de ce contrat, responsable de la prescription encourue par sa faute; on ne pourrait toutefois lui imposer cette responsabilité si l'assuré ne lui a pas en temps utile fait parvenir les actes justificatifs du chargé et de la perte (Cassation, 26 mars 1823).

Il ne suffit pas que l'assuré signifie le délaissement dans les formes que nous venons d'étudier, il faut de plus, en vertu de l'art. 379, qu'il déclare en le notifiant toutes les assurances et tous les emprunts à la grosse qu'il a faits ou ordonnés soit sur le navire, soit sur les marchandises. Le motif de cette règle comme de celle que contient l'art. 383 se trouve dans le principe que le contrat ne peut en aucun cas devenir pour l'assuré un moyen de s'enrichir. Notre article a voulu empêcher que l'assuré, après avoir fait garantir plusieurs fois les mêmes objets à l'insu de ses co-contractants, ne vînt ensuite réclamer à chacun d'eux le prix total de la chose assurée. S'il a mis les emprunts à la grosse sur la même ligne que les assurances, c'est que l'assuré ne court aucun risque jusqu'à concurrence de cet emprunt, qu'il n'est pas tenu de rembourser en cas de perte, et que par suite la loi a défendu de faire assurer un objet dont la valeur a été fournie par un emprunt à la grosse. L'effet de la déclaration dont nous parlons sera de permettre aux assureurs de vérifier s'il n'y a pas lieu de ristourner les assurances qu'ils ont consenties parce que les objets sur lesquels elles portent étaient déjà garantis ou avaient été acquis au moyen d'argent emprunté à la grosse.

D'après l'ordonnance de 1681 il n'y avait pas obligation de déclarer les assurances ou emprunts simplement ordonnés, aussi, quoique Valin conseillât de le faire, l'omission de cette déclaration ne pouvait entraîner aucune peine. Son art. 53 semblait même n'exiger la déclaration des emprunts que lorsqu'ils portaient sur les choses assurées, mais c'était là une erreur évidente, car on ne pouvait pas, en vertu de l'ordonnance, cumuler une assurance et un emprunt sur le même objet et la loi ne pouvait pas supposer qu'on l'eût violée.

L'obligation que notre article crée est générale en ce sens qu'elle doit être remplie par la personne qui délaisse quelle que soit d'ailleurs sa qualité. Cette règle est évidente pour le mandataire ordinaire puisque sa négligence serait opposable au mandant, sauf recours de celui-ci contre lui; elle doit aussi s'appliquer au commissionnaire qui aura à déclarer non-seulement les assurances et emprunts par lui faits ou ordonnés, mais encore ceux de ces contrats qui ont pu l'être par l'assuré son commettant. (Marseille, 13 août 1824.) Nous pensons, toutefois, que s'il ne connaît pas ces derniers il pourra se contenter de dire qu'il ne sait pas que l'assuré ait fait des contrats de ce genre, ce qui donnera aux assureurs le droit de réclamer une déclaration expresse de l'assuré. On doit de même décider que si la police est transmissible par voie d'endossement, le titulaire actuel devra déclarer les assurances et emprunts faits par tous ceux qui l'on eue successivement entre les mains.

Il s'est élevé de vifs débats sur le point de savoir si l'obligation de l'art. 379 doit être aussi considérée comme générale au point de vue de ses cas d'application. Ainsi, on a soutenu que cette déclaration ne sera pas nécessaire dans le cas où, l'assurance étant unique, elle n'aurait pour but que de dire qu'aucune autre assurance n'a été consentie. Ce système invoque d'abord les termes de notre art. 379 : les assurances qu'il a faites, fait faire ou ordonnées.... lesquels indiquent bien évidemment que la loi a prévu seulement le cas où il y a coexistence de plusieurs assurances. Il ajoute que c'est avec raison que la déclaration n'est pas exigée en dehors de ce cas,

car l'assuré en n'en faisant point indiquera qu'il n'a pas consenti d'autres contrats (Cass., 9 août 1808). Nous croyons
au contraire avec le tribunal de Marseille (26 janvier 1820)
que même en ce cas le délai du payement ne pourra courir que du jour de la déclaration exigée par notre article.
Cet article suppose en effet qu'une déclaration devra être
faite dans tous les cas, puisque c'est seulement à partir
de ce jour qu'il fait courir le délai après lequel le payement doit être effectué, lorsque le délaissement n'a pas
été accompagné de cette déclaration.

De plus l'art. 380, en prononçant la déchéance seulement si la déclaration est frauduleuse, a rendu cette déclaration obligatoire ; car, si on admettait le système
opposé, rien ne serait plus facile pour l'assuré que d'éluder la sanction de l'art. 380 ; il n'aurait qu'à s'abstenir
soigneusement de faire aucune déclaration malgré l'existence d'assurances ou d'emprunts. Le même danger ne
se présente pas dans notre système, puisque la déclaration y est forcée dans tous les cas pour donner ouverture au délai de payement.

Il y a encore controverse dans le cas où l'assuré a sur
le même navire divers objets compris dans le même connaissement, mais couverts par des assurances distinctes,
car on se demande si l'assuré pourra, en délaissant, se
contenter d'indiquer les contrats qui portent sur l'objet
même qui fait l'aliment du risque ou s'il devra déclarer
tous ceux qui ont été faits sur les objets chargés en son
nom. Aucune difficulté n'est possible lorsque les diverses
assurances portent sur des objets de natures différentes ;
elle ne naît que lorsqu'ils sont de même nature et men-
tionnés au même connaissement, mais assurés divisé-

ment. Le tribunal de Marseille (11 août 1826) a décidé que la déclaration générale ne sera pas nécessaire ; nous la croyons obligée, car cette déclaration peut seule permettre à l'assureur de voir si les autres assurances ne donnent pas lieu à ristourner la sienne en s'étendant sur les objets qu'elle garantit. Ce même jugement statue aussi sur une question toute différente que nous allons examiner. Dans l'espèce proposée au tribunal, les assureurs, après avoir soutenu que la déclaration devait être annulée parce qu'elle n'était pas générale, prétendaient en outre qu'elle ne pouvait plus être complétée après les délais portés par l'art. 373. D'après ce système la déclaration devait donc suivre les mêmes règles de temps que le délaissement lui-même en vertu des mots : sans qu'il en résulte aucune prorogation du délai établi pour former l'action en délaissement, contenus dans l'art. 379. Le tribunal l'a rejeté et avec raison, car le sens de ces mots est que l'assuré ne pourra pas se fonder sur ce qu'il n'est pas en mesure de faire la déclaration voulue par l'article 379, pour proroger le délai pendant lequel il peut délaisser. Comment comprendre d'ailleurs que l'article nous dise que l'effet du retard apporté à faire la déclaration qu'il exige, consiste à suspendre l'ouverture du délai de payement, s'il pouvait éteindre l'action en payement elle-même ? Ces deux idées ne sont pas compatibles. On peut ajouter que l'adoption du système contraire conduit à admettre dans ce cas une déchéance fort grave sans un texte formel. Nous croyons donc que, pourvu que la notification du délaissement ait eu lieu dans le délai légal, la déclaration pourra être complétée et même faite après ce délai.

Quant à l'effet que produit la violation de l'art. 379, cet article le pose formellement. Le délaissement signifié ne devra pas être rejeté pour cela, mais le délai soit conventionnel soit légal au bout duquel l'assuré pourra réclamer son payement ne commencera à courir que du jour où la déclaration exigée par notre article aura été faite. Le résultat sera le même si l'assuré a fait une déclaration inexacte ou incomplète, mais en supposant qu'il a été de bonne foi, car s'il y a eu fraude de sa part, c'est l'art. 380 qu'il faudra appliquer. Il punit cette fraude en annulant l'assurance ou l'emprunt à la grosse à propos duquel a eu lieu la fausse déclaration, mais uniquement quant aux effets de ce contrat qui étaient en faveur de la partie coupable; s'il s'agit d'une assurance, elle devra payer la prime sans pouvoir réclamer d'indemnité; s'il s'agit d'un prêt à la grosse, elle devra rembourser la somme empruntée malgré la perte du gage.

Mais si l'intention de tromper est nécessaire pour faire perdre au déclarant le bénéfice de son contrat, sera-t-elle du moins suffisante ou faudra-t-il en outre que la fraude ait en fait causé un dommage à l'assureur? Cette question ne pouvait s'élever sous l'empire de l'ordonnance, car, à côté du principe qu'elle posait que la déchéance ne pouvait être prononcée qu'en cas de fraude, elle exigeait formellement qu'il y eût un dommage causé. Le Code n'ayant pas reproduit cette disposition, M. Locré en a conclu qu'il ne faisait plus du dommage une condition de la déchéance, et que, par exemple, on devait appliquer l'art. 380 dans le cas où l'assuré a fait une fausse déclaration pour masquer une différence qui n'existait pas en réalité. Ce système a ce résultat bizarre de donner à quelqu'un le droit d'attaquer un acte qui ne lui a causé aucun préjudice, et il viole ce principe général qu'au *consilium fraudis* doit se joindre l'*eventus damni;* aussi préférons-nous croire avec M. Bédarride que si le Code n'a pas reproduit sur ce point les termes de l'ordonnance, c'est pour laisser plus de latitude aux juges, qui semblaient forcés par l'art. 54 de l'ordonnance de prononcer la déchéance toutes les fois qu'il y avait eu recel d'une assurance ou d'un emprunt à la grosse, et qu'ils constataient une différence entre le montant de ces contrats et la valeur des objets. L'art. 380 a donc eu pour but de permettre aux juges d'apprécier si le recel n'est pas excusable dans l'hypothèse qui leur est soumise.

En règle générale, la preuve de la fraude est à la charge de celui qui en excipe, mais il n'en doit pas être de même ici. Dès qu'il est établi que l'assuré ne s'est pas conformé à la loi, c'est lui qui est tenu de prouver qu'il ne l'a pas fait de mauvaise foi ou du moins que sa faute n'a causé aucun préjudice à l'assureur.

CHAPITRE VIII.

DES EFFETS DU DÉLAISSEMENT.

Le délaissement produit deux effets distincts : 1° il oblige l'assureur à payer le montant de l'assurance (article 382); 2° il lui transfère la propriété des objets assurés (article 385.).

L'obligation de payer la somme assurée naît pour l'assureur au moment même où le délaissement est signifié, mais il eût été fort injuste de rendre cette obligation immédiatement exigible ; car l'assureur aurait pu se voir forcé de payer le montant de l'assurance le jour de la perte, c'est-à-dire avant d'en avoir vérifié l'existence, les causes et la quotité. Aussi la loi qui a réservé à l'assureur le droit d'opposer la preuve contraire aux allégations produites contre lui, lui a-t-elle en outre laissé le temps nécessaire pour le faire. Ce ne sera que trois mois après la signification du délaissement que le payement pourra être exigé ; nous avons même vu que ce délai ne courra que du jour de la déclaration des assurances et emprunts à la grosse, prescrite par l'art. 379, si elle n'a pas été jointe à la signification. Ajoutons avec l'art. 383 que le payement ne pourra pas être exigé avant que l'assureur ait reçu tous les actes qui justifient le chargé et la perte. Il est bien évident que l'avis du sinistre, transmis aux assureurs en vertu de l'art. 378, avec réserve de délaisser, ne peut faire courir le délai de notre article.

Pendant ce délai aucun intérêt n'est dû par les assureurs à moins de convention contraire, car il n'y a pas de retard à leur imputer. Les parties peuvent du reste convenir d'un délai autre que celui fixé par la loi, et le payement sera alors suspendu jusqu'à son expiration. Mais la Cour de Cassation a décidé que dans ce cas l'on devait admettre, à moins de convention contraire, que les parties ont entendu que ce délai conventionnel n'empêcherait pas le cours des intérêts après la fin du délai légal. A défaut de convention et si le délai légal est dans l'espèce insuffisant, le tribunal a le droit de le prolonger pour que l'assureur puisse rassembler ses preuves, mais il a le droit de ne le faire qu'en ordonnant que l'assuré sera payé provisoirement sous caution par lui fournie ; l'intérêt en ce cas serait dû de plein droit.

Une fois le délai expiré sans prolongation, l'assureur est tenu de payer ; il ne peut pour échapper à cette obligation, arguer de ce qu'il y a lieu à un règlement d'avaries communes qui n'est pas encore terminé (Bordeaux, 15 décembre 1828), ni exciper de ce que le navire qu'on croyait perdu est de retour (art. 385). Quant au montant de son obligation, il doit payer toute la somme par lui assurée, si la valeur mise en risque lui est égale ou supérieure, sinon il doit payer cette valeur seulement. Dans les deux cas il peut déduire le montant de la prime et les franchises, s'il y a lieu, mais s'il a désintéressé des prêteurs à la grosse pour les empêcher d'exercer leurs droits sur les choses sauvées, il ne peut défalquer ce qu'il leur a payé, lorsque les sommes par eux fournies ont été employées à remédier aux dégradations résultant des événements du voyage assuré ; ces dépenses étaient en effet dans l'intérêt de l'assureur lui-même (Rouen, 17 février 1817 ; 14 mai 1824). On doit au contraire permettre à l'assureur de défalquer les sommes qu'il a versées pour éteindre des emprunts faits après le contrat, mais pour des causes antérieures au voyage assuré, car ces emprunts avaient diminué la valeur des objets assurés affectés à leur garantie ; ne pas tenir compte de cette diminution, serait transformer le contrat en une source de gain pour l'assuré, ce qui est contraire à sa nature.

C'est à l'assuré lui-même que le payement doit en principe être fait, mais la police peut stipuler le contraire et porter, par exemple, que l'indemnité sera fournie au porteur de ladite police et des pièces à produire. Toutefois la Cour de Paris a jugé (27 juin 1838) que s'il y a eu une condamnation prononcée au nom de l'assuré, le payement devra, malgré cette clause, être fait à lui-même ou à son fondé de pouvoirs. Nous croyons que cette décision doit être préférée à celle du tribunal de Marseille, qui, le 17 octobre 1823, avait admis que le transfert d'une pareille police, même opéré après le jugement, empêchait de payer à cet assuré et d'opposer les causes de compensation qui pouvaient exister entre lui et les assureurs.

Si le payement fait par les assureurs a eu lieu par erreur, ils peuvent exercer une action en remboursement en prouvant cette erreur. C'est là une application des principes généraux que tout payement fait par erreur peut être répété et que la preuve incombe à celui qui excipe de l'erreur. La règle sera la même s'il y a eu simple erreur de compte, seulement la preuve sera en ce cas à la charge de l'assuré, si c'est lui qui se plaint de l'erreur. C'est ce qui arrivera par exemple s'il a consenti par erreur à un ristourne partiel et qu'il apprenne plus tard que la somme entière assurée avait été chargée. Rien ne peut faire perdre ce droit à l'assuré ; aussi est-ce avec raison que la Cour de Bordeaux (24 novembre 1829) a décidé que cette action serait recevable bien que l'assureur en payant eût rayé sa signature.

Cette radiation est bien une présomption légale de libération mais elle doit tomber devant la preuve contraire.

Quant au second effet du délaissement, la translation de propriété, il suffisait, sous l'ordonnance de 1681, pour qu'il fût produit, que le délaissement eût été signifié. Aujourd'hui il n'en est plus ainsi, car si l'art. 382 emploie l'expression de délaissement signifié, l'art. 385, qui était rédigé de la même façon, a été corrigé sur la demande de la Cour de Cassation. Il était en effet peu juste que l'assuré se trouvât lié par cela seul qu'il avait signifié son délaissement alors que cet acte laissait l'assureur libre d'admettre ou non cette action. En ajoutant à l'art. 385 les mots : *et accepté ou jugé valable*, le Conseil d'État est venu décider que le délaissement ne produirait son effet que du jour où les parties seraient obligées l'une envers l'autre à en subir les conséquences, soit par le concours de leurs volontés, soit par suite d'une décision judiciaire. On doit conclure de cette addition que le délaissement est révocable tant qu'il n'a pas été déclaré valable par la justice ou accepté par l'assureur; jusque-là l'assuré pourra remplacer cette voie de recours par l'action d'avarie. Aucun effet ne peut être produit par le délaissement, lorsqu'il n'a été validé ou accepté qu'après la révocation, tandis que si l'un de ces faits intervient avant cette révocation, l'assuré non-seulement ne pourra plus la notifier, mais encore ne pourra plus demander que son délaissement soit annulé comme fait en dehors des cas prévus par la loi ou des délais qu'elle fixe, ou comme étant partiel ou conditionnel. En effet, c'était l'assureur qui pouvait seul exciper de ces vices;

ils ont donc été couverts par son acceptation ou par le jugement.

Si le transfert de propriété ne s'accomplit que lorsque le délaissement est devenu définitif, ses effets remontent jusqu'au jour même du sinistre. Tous les événements survenus depuis aux objets assurés profitent ou préjudicient à l'assureur, car dès ce moment il en est devenu propriétaire aux yeux de la loi. L'art. 385 ne fait qu'appliquer ce principe, lorsqu'il nous dit que le retour du navire ne dispense pas l'assureur de payer la somme assurée, car c'est en vertu du droit de propriété qu'il a acquis lors du sinistre qu'il profite des conséquences du fait qui a sauvé le navire et, par exemple, du jugement qui déclare la prise du navire assuré contraire au droit; il reste donc propriétaire de ce navire et, par suite, obligé de payer la somme assurée.

Du motif de la règle de l'art. 385, il résulte qu'elle serait inapplicable dans le cas où le délaissement n'a eu lieu que par une erreur de fait et, par exemple, si l'on a cru à tort au naufrage du navire. Dans ce cas, son retour dispenserait l'assureur de payer la somme assurée et transférerait la propriété à l'assuré. Valin voulait encore faire exception à cette règle, dans le cas où le retour du navire est dû à des réparations faites par les assureurs, qui l'ont mis à leurs frais en état de continuer son voyage. Nous ne pouvons trouver en ce cas de raisons d'exception; l'art. 385 s'y applique par ses motifs comme par son texte, puisque les assureurs, en faisant remettre à flot le navire, ont réparé un objet qui leur appartenait. Pourquoi donc, en vertu de ce fait postérieur au délaissement, forcer l'assuré à renoncer aux bénéfices de ce délaissement, devenu obligatoire pour les deux parties, par suite d'un jugement ou de leur consentement réciproque?

Par une autre conséquence de l'effet rétroactif accordé par la loi au transfert de propriété produit par le délaissement, c'est pour l'assureur que se fait le sauvetage, et c'est à lui que revient le profit qu'on peut en retirer. Si donc l'assuré en a touché une partie, il en doit compte à l'assureur, qui pourra compenser cette somme avec ce qu'il doit. Il faut, du reste, que cette somme soit en réalité entre les mains de l'assuré ; il ne suffirait pas qu'elle eût été payée à un de ses correspondants chargé du sauvetage ; car celui-ci étant supposé avoir reçu l'argent pour le compte des assureurs, pourrait refuser de le rembourser à l'assuré. (Marseille, 24 mai 1833.)

L'effet de ce transfert de propriété est de transmettre tous les droits de l'assuré sur les objets délaissés à l'assureur, qui, en retour, sera subrogé à toutes ses obligations. Ainsi l'assureur pourra, en cas de prise, en contester la validité, toucher l'indemnité à laquelle elle pourra donner lieu, ou revendiquer les objets capturés, s'ils sont rapportés en France, même par erreur (Aix, 26 août 1809). Il pourra de même, quelle que soit la cause du délaissement, demander des dommages-intérêts s'il y a eu détérioration des objets assurés par le fait d'un tiers. Quant aux obligations, l'assureur y succède bien ; mais comme il ne doit pas être tenu plus rigoureusement que l'assuré lui-même, il pourra, en vertu de l'article 216, faire abandon aux créanciers du navire assuré pour se libérer envers eux.

Le transfert de propriété produit par le délaissement

ne présente pas de difficultés lorsqu'un seul assureur a droit à tout le sauvetage; mais il faut étudier les règles à suivre dans les cas où il y a plusieurs ayant-droit. Ce concours peut avoir lieu soit entre plusieurs assureurs seulement, soit entre les assureurs et l'assuré, les matelots ou des prêteurs à la grosse. S'il y a plusieurs assureurs, le délaissement leur transfère la propriété des objets sauvés à chacun au marc le franc de la somme par lui souscrite, à moins que le total des assurances ne dépasse la valeur de la cargaison, car alors les plus récentes seront ristournées, d'après l'art. 359. Quant à l'assuré, pour qu'il entre en concours avec les assureurs, il faut supposer qu'il n'a pas fait assurer la valeur entière des objets qui lui appartenaient, car, dans ce cas, comme il est en quelque sorte pour le surplus de l'assurance son propre assureur, il a droit au sauvetage proportionnellement au montant de cet excédant. Le droit des matelots est établi, en ce qui touche le fret, par l'art. 386, mais il faut remarquer qu'ils n'ont droit au fret des marchandises sauvées que si le produit même de ces marchandises est insuffisant pour payer leurs loyers, car ils priment l'assureur sur le montant du sauvetage M. Pardessus n'admet pas cette doctrine, et prétend, comme le faisait du reste Emérigon, que les loyers de l'équipage devront d'abord être pris sur le fret; il en conclut que si les assureurs désintéressent les matelots sur le produit du sauvetage, ils auront recours contre l'armateur dans le cas où, par suite de la convention intervenue entre eux, une partie du fret ne sera pas comprise dans le délaissement. Cette hypothèse ne saurait, d'après nous, se présenter, puisque nous avons admis qu'une pareille clause est contraire à la loi, mais, en la supposant possible, on devrait repousser l'avis de M. Pardessus, car l'art. 259 décide formellement que les droits des matelots ne s'exercent sur le fret qu'à défaut de sauvetage. Ce que nous venons de dire ne s'applique, bien entendu, qu'aux matelots engagés au mois ou au voyage, puisque ceux qui sont engagés au fret ne peuvent être payés qu'en proportion du fret perçu par le capitaine; ils concourront donc seulement sur le fret avec les assureurs à qui on l'aura délaissé, sans pouvoir prétendre aucun droit sur le produit du sauvetage.

Les assureurs peuvent enfin être en concours avec des prêteurs à la grosse; cette idée paraît contraire au principe posé par l'art. 347, qui défend de faire assurer les sommes empruntées à la grosse, mais elle s'explique par cette remarque que la prohibition ne s'applique qu'aux objets dont la valeur entière a fait la matière du prêt. L'assurance sera donc possible lorsque les parties n'auront affec té à la garantie de l'emprunt qu'une portion déterminée du navire ou de la cargaison ou même lorsque ces objets ayant été affectés en entier à cette garantie, leur valeur est supérieure au montant du prêt. Dans le premier cas, le concours sera évidemment de droit pour l'assureur en vertu des principes généraux, mais il y a plus de difficulté dans le second.

L'ordonnance de 1681 décidait que dans cette hypothèse le prêteur à la grosse serait préféré à l'assureur sur le produit du sauvetage. Ce dernier en effet n'a sur ce sauvetage que les droits que lui a conférés le délaissement, lesquels ne peuvent excéder ceux de l'assuré lui-même; or celui-ci était le débiteur du prêteur à la grosse et comme tel il ne pouvait pas concourir avec son créancier sur un objet affecté tout entier à la sûreté de sa dette. Si cette objection n'était pas possible dans le premier cas que nous avons distingué, c'est que la garantie y était restreinte par la convention même des parties.

Quelque logique que fût cette règle, dont Emérigon soutenait la justesse, elle était blâmée par Valin par ce motif que l'*emprunteur* n'avait acquis aucun droit sur la partie du navire ou de la cargaison excédant la somme empruntée. Ce raisonnement confondait évidemment les deux cas que nous avons examinés; car cette absence du droit du prêteur sur l'excédant est ce qui différencie le premier du second, et ce qui fait que dans le premier aucun doute ne peut s'élever sur le droit de l'assureur à concourir avec le prêteur.

L'art. 331 de notre Code est venu, il est vrai, admettre même en ce cas le concours de l'assureur et du prêteur, mais c'est là une simple faveur qu'il a voulu faire au premier. Il ne faudrait donc pas conclure de cette disposition que le Code a méconnu l'exactitude du raisonnement sur lequel se fondait le principe admis par l'ordonnance sur ce point, et que par suite on doit autoriser l'emprunteur lui-même à concourir avec le prêteur en cas de sinistre lorsqu'il ne s'est pas fait assurer. La preuve en ressort de toute la discussion préparatoire de notre article : on l'a donné comme une dérogation au droit commun, introduite dans l'intérêt exclusif de l'assureur, que l'on motive sur l'utilité du contrat d'assurance qui est bien supérieure à celle du prêt à la grosse. On doit donc en restreindre l'application au cas spécial qu'il prévoit et continuer à décider que l'emprunteur ne pourrait l'invoquer. Il faudra par conséquent s'il n'y a pas eu d'assurance distinguer soigneusement les deux cas que nous venons d'étudier; mais cette distinction n'a plus d'intérêt pratique si une assurance a été consentie, puisque dans l'un comme dans l'autre cas l'assureur pourra concourir avec le prêteur et qu'ils se partageront le sauvetage chacun au marc le franc de leur intérêt : pour le fret délaissé les règles de partage seront les mêmes. L'intérêt des parties sera calculé d'une part sur la somme assurée que l'assureur doit rembourser en entier et de l'autre sur le capital prêté seulement. Il ne serait pas juste de tenir compte du profit maritime alors que l'assureur ne concourt qu'à raison de la perte effective qu'il subit; on peut même ajouter que le naufrage enlève au prêteur tout droit de réclamer ce profit.

Les règles que nous venons de donner ne sont applicables que si l'emprunt à la grosse est antérieur au voyage assuré; s'il a été contracté pendant ce voyage il est considéré comme fait pour le compte de l'assureur lui-même, et par suite le concours devient impossible, en vertu des principes du droit commun. C'est là ce que signifie l'art. 331 par les mots : sans préjudice des priviléges établis par l'art. 191. Ce sens, qui ressort peu clairement de ces mots, leur est assigné par les travaux préparatoires de notre article, qui deviennent plus probants si l'on remarque qu'on ne peut prendre ces expressions à la lettre puisque l'art. 331 a pour but d'établir un concours entre le prêteur et l'assureur, tandis que l'art. 191 décide que le privilége du premier doit être préféré à celui du second. Cette dernière règle doit être observée lorsque après un heureux voyage l'assuré emprunteur ne peut remplir les obligations qu'il a contractées.

POSITIONS

—

DROIT ROMAIN.

I. L'action *præscriptis verbis* était de bonne foi dans tous les cas (*nec obstant*, Institutes, § 28, *De actionibus*, L. 4, tit. 6, et loi 19, § 2, *De precario*, L. 43, tit. 26).

II. La sentence d'absolution ne laisse subsister d'obligation naturelle que dans le cas où elle a été la suite d'une déchéance de procédure encourue par le demandeur (*nec obstant*, lois 28 et 60, D., *De condictione indebiti*, L. 12, tit. 6).

.III. Le *præjudicium : quanta dos sit*, a pour but la fixation de la somme qui doit être payée au mari à titre de dot lorsque la promesse qui lui a été faite n'a rien précisé à cet égard, et que le promettant s'est engagé à payer *quod arbitratus fuerit* (loi 3, Code, *De dotis promissione*, L. 5, tit. 11).

IV. Lorsqu'une donation entre vifs excédant le taux

de la loi Cincia avait été exécutée, le donateur ne pouvait revenir sur cette exécution par voie d'action rescisoire (*nec obstant*, loi 5, § 5, D., *De doli mali et.....*, L. 44, tit. 4, et loi 21, § 1er, D,, *De donationibus*, L. 39, tit. 5).

V. La stipulation faite par un esclave du *peculium castrense* pendant que l'héritier institué par le fils délibère est valable d'après Ulpien (loi 33, D., *De aquirendo rerum dominio*, L. 41, tit. 15), nulle d'après Papinien (*nec obstat*, loi 14, § 1er, D., *De castrensi peculio*, L. 49, tit. 17).

VI. Lorsqu'un fils de famille, mineur de vingt-cinq ans, a contracté un *mutuum* par l'ordre de son père, il ne peut pas, même en cas de lésion, se faire restituer *in integrum* (*sic* loi 3, § 4, D., *De minoribus 25 annis*, L. 4, tit. 4).

VII. On ne peut pas, dans les actions de droit strict, soumettre les intérêts aux mêmes règles que les fruits (*nec obstant*, lois 34 et 35, D., *De usuris.....*, L. 22, tit. 1er).

DROIT FRANÇAIS.

DROIT CIVIL.

I. Lorsqu'un billet n'est pas causé, c'est au souscripteur de ce billet à prouver le défaut de cause.

II. L'attribution à l'un des cohéritiers de la totalité d'une créance héréditaire, lors du partage, constitue une cession de créance.

III. Lorsqu'une créance de la succession est mise pour le tout dans le lot de l'un des héritiers, il peut réclamer garantie à ses cohéritiers non-seulement pour l'existence de la créance, mais encore pour la solvabilité actuelle du cédé.

IV. Le privilége du copartageant créancier d'une soulte peut porter non-seulement sur les immeubles de la succession qui sont tombés au lot du copartageant débiteur de la soulte, mais encore sur ceux qui sont tombés au lot des autres copartageants.

V. Ce qui a été indûment payé par erreur peut être répété à l'aide d'une action réelle.

VI. Le mari, après la dissolution de la communauté,

ne peut être poursuivi que pour moitié, à raison des dettes contractées par la femme avec son autorisation durant la communauté.

VII. Lorsque la femme a survécu à la dissolution de la communauté, et qu'elle est morte sans avoir pris parti, chacun de ses héritiers peut prendre le parti que bon lui semble.

DROIT COMMERCIAL.

I. Le délaissement pour cause de prise peut être signifié par l'assuré même après que le navire lui a été rendu par suite d'un fait postérieur à la prise.

II. L'assuré ne peut délaisser pour cause d'innavigabilité un navire arrivé à bon port, en se fondant sur ce qu'il en a fait abandon à des porteurs de billets de grosse souscrits pendant le voyage par le capitaine.

III. La non arrivée à destination des marchandises assurées n'est pas, par elle seule, un motif suffisant de délaissement lorsqu'elle a pour cause la vente qui en a été faite par le capitaine.

IV. La quotité de la détérioration des facultés assurées s'apprécie par la comparaison du prix auquel elles sont vendues en état d'avarie avec celui qu'elles vaudraient à l'état sain, au temps et au lieu de la vente.

V. Lorsque le contrat d'assurance, fait après le départ du navire, porte que les risques ne courront pour l'assureur qu'à dater de la signature de la police, l'assuré qui veut délaisser pour défaut de nouvelles doit prouver que le navire existait encore au moment de la signature de la police.

VI. S'il y a perte totale, postérieure au transbordement, des marchandises chargées sur un navire devenu innavigable, l'assureur pourra défalquer de ce qu'il aura à payer par suite de cet événement tous les frais que met à sa charge l'art. 393.

VII. L'assuré ne peut pas prétendre que le délai de prescription de l'art. 373 ne commencera à courir, en cas de délaissement pour perte des trois quarts au moins, que du jour de réception des procès-verbaux et autres pièces constatant l'étendue du sinistre.

DROIT PÉNAL.

I. Pour que l'action civile soit prescrite en même temps que l'action publique, il faut qu'elle ait sa source directe et immédiate dans le crime, le délit ou la contravention.

II. L'interdiction légale ne résulte pas d'une condamnation par contumace.

HISTOIRE DU DROIT.

Dans le droit romain, l'institution de l'appel sous la domination impériale a son origine historique non dans la *provocatio*, mais dans l'*appellatio* et l'*intercessio*.

DROIT DES GENS.

Une puissance neutre ne fait pas acte d'hostilité en se rendant adjudicataire d'un navire capturé par une puissance belligérante.

Vu par le Président de la Thèse,
RATAUD.

Vu par le Doyen de la Faculté,
C.-A. PELLAT.

Permis d'imprimer :

Le Vice-Recteur de l'Académie,
A. MOURIER.

TABLE DES MATIÈRES.

DROIT ROMAIN.

DE NAUTICO FŒNORE.

DROIT FRANÇAIS.

DU DÉLAISSEMENT.

LOIS